Das Buch

Auch wenn es uns nicht immer bewusst ist: Unser heutiger Alltag ist turbulent und kräfteraubend. Für viele von uns geht es nicht mehr um die Frage, *ob* wir gestresst und emotional überlastet sind, sondern nur noch *wie sehr*. Genau hierfür hat Buddha bereits vor langer Zeit die Lösung gefunden. Aber können wir diese Lösung überhaupt auf das moderne Leben übertragen?

»Wir können!«, zeigt Thomas Hohensee – egal ob und welcher Religion oder Weltanschauung wir uns zurechnen. Aus uralter buddhistischer Weisheit lässt der Autor eine einfache zeitgemäße Formel entstehen: 10 konkrete Dinge, die zu Gelassenheit, Leichtigkeit und Freude führen und die jeder im eigenen Leben unmittelbar umsetzen kann.

Der Autor

Thomas Hohensee ist ein erfolgreicher Autor, Life-Coach und Seminarleiter. Nach einer ersten Karriere als Volljurist hat er mehrere Bestseller geschrieben, darunter »Gelassenheit beginnt im Kopf« und »Glücklich wie ein Buddha«, die bereits in sieben Sprachen übersetzt wurden. Sein Ziel ist es, möglichst vielen Menschen den Weg zu einem glücklichen und erfüllten Leben zu zeigen.

Thomas Hohensee

10 DINGE, DIE JEDER VON BUDDHA LERNEN KANN

Mehr Gelassenheit, Glück und Liebe ins Leben bringen

WILHELM HEYNE VERLAG
MÜNCHEN

Sollte diese Publikation Links auf Webseiten Dritter enthalten,
so übernehmen wir für deren Inhalte keine Haftung, da wir uns diese
nicht zu eigen machen, sondern lediglich auf deren Stand zum
Zeitpunkt der Erstveröffentlichung verweisen.

Verlagsgruppe Random House FSC® N001967

Taschenbucherstausgabe 05/2019

2. Auflage
Copyright © 2016 by Lotos Verlag, München,
in der Verlagsgruppe Random House GmbH
Copyright © 2019 dieser Ausgabe by Wilhelm Heyne Verlag,
München, in der Verlagsgruppe Random House GmbH,
Neumarkter Straße 28, 81673 München
Alle Rechte sind vorbehalten. Printed in Germany.
Redaktion: Dr. Diane Zilliges
Umschlaggestaltung: Guter Punkt, München,
unter Verwendung eines Motivs von © baifun / shutterstock
Satz: Satzwerk Huber, Germering
Druck und Bindung: GGP Media GmbH, Pößneck
ISBN 978-3-453-70370-4

www.heyne.de

INHALT

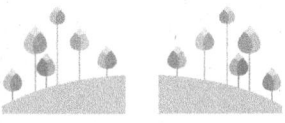

ZEITLOSE WEISHEITEN FÜR ALLE

Was können wir – 2500 Jahre nach seinem Tod – von Buddha lernen? Könnte er ein Vorbild für uns sein, auch wenn seine Lebensumstände völlig andere waren als die, die wir heute vorfinden? Ich glaube ja, denn die Lehre Buddhas enthält Weisheiten, die für jeden interessant sind, nicht nur für seine AnhängerInnen, nicht nur für buddhistische Mönche und Nonnen.

Die Zeitlosigkeit seiner Botschaft hat damit zu tun, dass sich Buddha mit den wesentlichen Fragen des Lebens beschäftigt hat. Sie werden aktuell bleiben, solange es Menschen gibt.

Zum Beispiel das Streben nach Glück: Niemand, der seine fünf Sinne beisammen hat, will unglücklich sein, schon gar nicht auf Dauer. Wir wissen aber: Das Leben ist nicht leicht. Deshalb stellt sich die Frage, wie man trotz des allgegenwärtigen Leidens sein Glück finden kann. Ist es überhaupt möglich? Buddha hat diese Frage bejaht und zugleich einen Weg dafür beschrieben.

Die Menschen sind sehr verschieden. Der eine liebt ein warmes Klima, die andere eher ein kühles. Einige brauchen viel Bewegung und Sport, anderen reicht ab und zu ein Spaziergang. Buddha waren die unterschiedlichen Bedürfnisse der Menschen bewusst. Daher ermunterte er jeden, selbst herauszufinden, was ihm guttut und was nicht. Seinen eigenen Erfahrungen zu vertrauen: Ist das nicht unglaublich modern, etwas, das die meisten stärker beachten sollten, anstatt nur auf die zahlreichen »ExpertInnen« zu hören?

Warum gibt es so viel Leiden in der Welt? Krank werden, altern, sterben: Macht das Sinn? Und wenn ja, welchen? Buddha hat seinen Mitmenschen gezeigt, wie sie das Leiden für ihr Glück nutzen können. Geht uns das etwa nichts mehr an?

Viele Menschen sind beinharte Materialisten. Sie glauben nur, was sie anfassen können. Sie wollen nichts lieber, als reich sein. Ihr Auto, ihr Haus, ihr Konto bedeutet ihnen alles. Ersetzen Sie »Auto« durch »Ochse« und »Konto« durch »Besitz«: Dann wissen Sie, dass das auch schon zu Zeiten Buddhas so war.

Allerdings lassen sich Glück, Gelassenheit und Liebe nicht kaufen. Auch daran hat sich bis heute nichts geändert. Deshalb ist das, was Buddha zu diesen Themen gesagt hat, immer noch gültig. Und was hat er gesagt? Gedulden Sie sich bitte noch einen Augenblick.

Die Welt ist nicht perfekt. Das war nie anders. Wem macht das nicht zu schaffen? Können Sie gelassen bleiben, wenn Ihre Leistungen hinter Ihren Erwartungen deutlich zurückbleiben, andere Sie überhaupt nicht beachten oder Ihre Träume gerade den Bach heruntergehen? Damit fertigzuwerden, ist alles andere als einfach. Nur wenige schaffen dieses Kunststück. Buddha war einer von diesen Unerschütterbaren. Glücklicherweise wurde er nicht müde, den Interessierten seine Tricks, die ihn innerlich so stark machten, zu verraten. Möchten Sie sie ebenfalls kennenlernen?

So ließe sich diese Reihe noch lange fortsetzen. Aber ich glaube, Sie verstehen jetzt, warum ich meine, dass die wesentlichen Probleme, mit denen sich die Menschen vor 2500 Jahren herumschlugen, noch die gleichen sind, mit denen wir zu tun haben.

Ich habe in diesem Buch zehn Dinge zusammengestellt, die jeder von Buddha lernen kann. Mögen diese zeitlosen Weisheiten mehr Gelassenheit, Glück und Liebe auch in Ihr Leben bringen!

DAS WAHRE GLÜCK FÜR MÖGLICH HALTEN

Vom verzweifelten Königssohn zum glücklichsten Lehrer der Welt

Warum lächelt Buddha? Was hat er entdeckt? Wie hat er zu dieser Seelenruhe und Entspanntheit gefunden, die uns noch heute von allen Abbildern seiner Person entgegenstrahlen und uns in ihren Bann ziehen?

Buddha – ein Menschheitslehrer? Darauf hatte zunächst nichts hingedeutet. Siddhartha Gautama, wie Buddha ursprünglich hieß, war ein verzweifelter junger Mann. Er litt am Leiden der Welt, er fürchtete sich vor dem Tod. Das luxuriöse Leben am Hof seines Vaters, des Raja, ödete ihn an. Ihm lag nichts daran, dessen Nachfolger zu werden. Sogar seine junge Ehefrau und sein kleiner Sohn konnten ihn nicht aufheitern. Er wollte nur raus. Weg von all dem, was er als sinnlos und bedrückend empfand. Vielleicht gab es irgendwo da draußen, weit entfernt von der glitzernden Fassade seines Elternhauses, jemanden, der ihm helfen konnte? So begann Buddha seine Wanderschaft.

Aussteiger, Loser, Rabenvater, Schande der Familie, Sensibelchen ... Nicht gerade gute Voraussetzungen, um anderen einen Weg zu weisen. Oder doch?

13

Siddhartha schloss sich auf seiner Suche zuerst einem Yoga- und Meditationslehrer an. Die Übungen gefielen ihm, aber sie befreiten ihn nicht dauerhaft von seinem Unglück. Kaum hörte er auf zu meditieren, war sein Leiden wieder gegenwärtig. Deshalb suchte er weiter und probierte aus, was die Gurus seiner Zeit propagierten. Nichts davon befriedigte ihn. Deshalb beschloss er, den Weg allein zu finden.

Weil ihm das Luxusleben am Hof seines Vaters verhasst war, wählte er zunächst die Askese. Er aß nur noch das Allernotwendigste, pflegte seinen Körper nicht mehr und quälte sich mit allerlei Torturen, die seinen Geist reinigen sollten. Doch diese Quälereien brachten ihn seinem Ziel nicht näher. Im Gegenteil, es ging ihm schlechter denn je.

Da erinnerte er sich an unbeschwerte Tage, die er als Junge im Schatten seines Lieblingsbaumes verbracht hatte. Ihm wurde klar, dass er in Zukunft genau darauf achten wollte, wann er sich wohlfühlte und wann nicht. Er hatte etwas in seinem Inneren, das ihm anzeigte, welche Richtung für ihn stimmte und welche ein Irrweg war. Von diesem eingebauten Kompass wollte er sich fortan leiten lassen und nie wieder entfernen.

Bisher hatten andere über sein Leben entschieden: sein Vater, der ihn als Nachfolger aufbauen wollte und eine Ehefrau für ihn ausgesucht hatte, wie das damals so üblich war; die Gesellschaft am Hof, die penibel darauf achtete, was sich für den Sohn eines Raja geziemte und was nicht.

Jetzt würde er sein Leben endlich selbst in die Hand nehmen und nicht mehr anderen die Verantwortung für sein Glück überlassen. Das Sitzen unter einem schönen Baum und sein Wohlgefühl dabei waren erst der Anfang. Er brauchte etwas, das ihm im Alltag half, die Gegebenheiten des

Lebens, Alter, Krankheit und Tod, ruhig und gelassen hinzunehmen und sich nicht von Dingen erschüttern zu lassen, die außerhalb seiner Macht standen.

Die großen Themen des Lebens: Noch heute plagen wir uns damit herum. Nicht bekommen, was man ersehnt. Erleiden, was man vermeiden möchte. Wer kennt das nicht? Dabei gibt es Menschen, die den Weg der Befreiung bereits gegangen sind und die uns die Richtung weisen können. Aber gehen müssen wir diesen Weg selbst.

Buddha war die Befreiung vom Leiden so wichtig, dass er sein gesamtes Leben diesem einen Ziel widmete. Er zog mit nur zwei Gewändern und einer Essensschale umher. Wer mochte, durfte sich ihm anschließen, aber es lag ihm fern, zu missionieren. Er baute rund um seine Lehre keine weltumspannende Organisation auf. Das kam später. Finanzieller Reichtum war ihm egal. Er hatte ja bereits am eigenen Leib erfahren, dass Gold nicht glücklich macht. Er lehrte für eine warme Mahlzeit.

Jeder Mensch kann glücklich sein

Wie will man Glück erreichen, wenn man nicht einmal davon überzeugt ist, glücklich sein zu können? Glück für unmöglich zu halten, ist eine selbsterfüllende Prophezeiung. Wer im festen Glauben durch die Welt geht, alles sei sinnlos, die Menschen seien schlecht, wer die Erde als einen Strafplaneten betrachtet, wird genau diese Erfahrung machen. Alles, worauf wir unsere Aufmerksamkeit richten, wächst. Alles, was wir nicht für möglich halten, wird unmöglich bleiben, einfach weil wir die Zeichen und Chancen einer Änderung in diese Richtung nicht sehen.

In der Kognitionspsychologie ist diese Tatsache durch unzählige Untersuchungen belegt. Eine der bekanntesten ist das Gorilla-Experiment. Studienteilnehmer wurden gebeten, bei einem Basketballspiel die Ballwechsel zu zählen. Während des Spiels ließen die Wissenschaftler eine als Gorilla verkleidete Person über das Spielfeld laufen. Es stellte sich heraus, dass die Teilnehmer der Studie den Gorilla nicht bemerkt hatten. Sie waren einfach zu konzentriert auf den Ball gewesen und hatten alles andere ausgeblendet.

Genauso machen wir es, wenn wir Glück nicht für möglich halten. Wir konzentrieren uns auf alles Negative und filtern sämtliche positiven Ereignisse heraus.

Buddha hat sein Ziel, die Überwindung des Leidens, nur deshalb erreicht, weil er auf seiner langjährigen Suche nie aufgegeben hat. Obwohl er zunächst nur Methoden fand, die ihm nicht helfen konnten, hielt er seine Überzeugung lebendig, dass es einen Weg gibt. Das ist das Wichtigste. Wie leicht verliert man an grauen Tagen den Mut, dass wieder die Sonne scheinen wird. Wie häufig geben Menschen im Laufe ihres Lebens die Hoffnung auf. Wie schnell werden aus aufgeweckten, begeisterungsfähigen Kindern müde und verbitterte Erwachsene.

Es ist nicht leicht, auch dann zuversichtlich zu bleiben, wenn alles schiefzugehen scheint. Keine Frage. Je länger man lebt, desto häufiger scheitert man. Nur wer auch dann, wenn keine Lösung zu erkennen ist, darauf vertraut, dass es doch eine gibt, entgeht der Resignation. Leider bleibt der Möglichkeitssinn vieler Menschen untrainiert. Manche wissen nicht einmal mit diesem Begriff etwas anzufangen.

Sowohl in den Familien als auch in Schulen und Betrieben wird viel zu oft Hilflosigkeit statt Selbstwirksamkeit vorgelebt und gelehrt. »Das hat noch keiner geschafft«, sagen die einen. »Wo kämen wir denn hin, wenn hier jeder machen dürfte, was er will?«, fragen die anderen. Es ist aber nur eine rhetorische Frage. Das Ausscheren, selbst wenn es zum Glück der Betroffenen führen könnte, wird systematisch unterbunden. »Sei vernünftig«, bekommen Kinder und Jugendliche immer wieder eingetrichtert. Leider ist nicht wirkliche Vernunft gefragt, sondern der Verrat am Selbst, die Preisgabe der natürlichen Entfaltung, die dem Einzelnen entspräche und ihn glücklich machen würde.

Aber Menschen, die in Kontakt zu ihren inneren Bedürfnissen stünden und sich selbst ebenso wie anderen Glück wünschten, wären wohl nicht bereit, die Produktionsbedingungen hinzunehmen und mitzutragen, die heutzutage bei uns als alternativlos gelten. Sicherlich würde das gängige Wachstumsmantra (»höher, schneller, weiter«) von denen hinterfragt, die Besseres mit ihrem Leben anzufangen wüssten, als sich in blinden Aktionismus und sinnlose Schufterei zu flüchten. Glückliche Menschen brechen aus dem Konsumismus aus und lassen sich ihre Lebenszufriedenheit nicht mehr für Designerkleidung oder die neuesten technischen Geräte abkaufen.

Buddha verkündete etwas ganz Unerhörtes: Egal wie unglücklich jemand sei, es gebe trotzdem einen Ausweg. Der Weg zum Glück sei für niemanden jemals verschlossen. Die Überwindung des Leidens sei nicht einigen wenigen Auserwählten vorbehalten, sondern jedem Einzelnen möglich. Es sei weder nötig, Mönch oder Nonne zu werden noch auf eine Familie oder einen Beruf zu verzichten. Der Unterschied bestehe allenfalls darin, wie sehr man sich auf das Ziel der Leidbefreiung konzentrieren könne. Sei man durch die weltlichen Dinge zu sehr abgelenkt, dauere es länger, bis man Fortschritte mache.

Buddha war unter dem Bodhibaum (das ist eine Pappelfeige) bewusst geworden, dass er in seinem Inneren auf einen untrüglichen Wegweiser zurückgreifen konnte. Er konnte klar und deutlich spüren, was ihn vom Leiden befreite und was nicht. Er musste nur auf die manchmal kaum vernehmbare Stimme dieses Wegweisers hören und entsprechend handeln. Wenn er dies tat, war er auf der richtigen Spur.

Wie sieht es bei Ihnen aus? Glauben Sie, dass jeder Mensch zum Glück befähigt ist? Wenn ja, warum? Wenn nein, warum nicht? Sind Sie überzeugt, dass Sie es schaffen können, trotz wiederkehrender widriger Umstände zu einer tiefen inneren Zufriedenheit zu finden?

Der Weg steht allen offen

Da Buddha ein Prinz war, könnte man annehmen, dass es ihm aufgrund seiner privilegierten Herkunft leichter fiel, glücklich zu werden. Man könnte vermuten, dass für andere, die in Armut und ohne Bildung aufwachsen, das Ziel nicht erreichbar sei.

Buddha selbst sah dies anders. Unablässig betonte er, dass der Weg, den er gegangen war, allen offenstehe, unabhängig von ihrer gesellschaftlichen Stellung. Dementsprechend nahm er auch Kastenlose, die nach hinduistischer Vorstellung am unteren Ende der Rangordnung standen, in den Orden auf. Das gab es vorher nicht. In Indien gilt – auch heute noch – ein streng hierarchisches System, das Menschen als hoch- bzw. minderwertig klassifiziert, je nachdem in welche Familie sie hineingeboren werden. Daran, dass Buddha niemanden aufgrund seiner Herkunft ablehnte, lässt sich ermessen, wie frei und unkonventionell er dachte und wie mitfühlend er war. Er hatte den Dünkel seiner Klasse abgelegt.

Und wie stand Buddha zu den Frauen? Stets betonte er, dass Frauen ebenso geeignet wie Männer seien, sich vom Leiden zu befreien. Er hatte zunächst aber Vorbehalte, Nonnen zu ordinieren, weil er befürchtete, die zu erwartende sexuelle Anziehung zwischen Mönchen und Nonnen sei geeignet, seinen Orden in Verruf zu bringen. Da jedoch immer wieder Frauen und Männer mit dem Wunsch an ihn herantraten, auch Frauen aufzunehmen, ließ er sich schließlich davon überzeugen, dass es die richtige Entscheidung sei.

Auch dies war zu seinen Lebzeiten absolut ungewöhnlich.

Noch heute weigern sich etliche buddhistische Klöster, Frauen ihre Tore zu öffnen, es sei denn als Putzfrauen und Köchinnen.

Die Zielgruppe Buddhas war der Mensch. Er schloss niemanden aus. Ihm war wichtig, klarzustellen, dass seine Lehre jedem helfen konnte, der von ihm lernen wollte.

Stets betonte Buddha, kein Religionsgründer zu sein. Zu metaphysischen Fragen äußerte er sich nicht. Weder zur Wiedergeburt noch zur Existenz höherer Wesen nahm er Stellung. Später wurden ihm verschiedene Aussagen in den Mund gelegt, die er selbst jedoch nie getroffen hatte.

Er behauptete auch nicht, der Einzige zu sein, der das, was wir heute als buddhistische Lehre kennen, erfunden und entwickelt habe. Vielmehr war er überzeugt, dass vor ihm bereits unzählige Buddhas gelebt hätten und es nach ihm eine endlose Reihe von Buddhas geben werde. Buddha heißt schließlich nichts anderes als »Erwachter«. Im Übrigen weigerte sich Buddha, einen Nachfolger oder eine Nachfolgerin zu bestimmen. Eine kluge Entscheidung, mit der er Machtkämpfe in seiner Organisation vermied.

Alles, was ihn interessierte, waren zwei Themen: das Leiden und wie man es überwinden kann. Hierfür lebte er. Darüber lehrte er. Er schrieb nichts auf, sondern hielt Reden. Seine Lehre ist nicht kompliziert. Im Kern ist sie bis heute erfrischend bodenständig geblieben. Jeder Mensch, der sich darum bemüht, kann verstehen, was Buddha gesagt hat. Er hat keine esoterischen Geheimnisse in die Welt gesetzt, die nur schwer zu ergründen sind.

Ihm kam es nicht auf Theorien, sondern auf die Praxis an. Hilft es oder hilft es nicht? Das war die einzige Frage, die ihn wirklich interessierte. Dass es heute trotzdem drei verschiedene Hauptrichtungen des Buddhismus gibt, hätte ihm nicht gefallen, weil es den Blick auf das Wesentliche verstellt. Auch die gottgleiche Verehrung, die ihm nach seinem Tod zuteilwurde, hätte er abgelehnt. Buddha war kein Buddhist. Daran sollte man sich gelegentlich erinnern, um sich nicht in Nebensächlichkeiten zu verlieren. Es geht nicht um das Abbrennen von Räucherstäbchen, das Aufstellen von Statuen und das endlose Studium der unübersehbar gewordenen buddhistischen Literatur. Es geht allein um Erkenntnis und entsprechendes Handeln.

 ## Das wahre Glück für möglich halten

Buddha verkündete etwas Unerhörtes: Egal wie unglücklich jemand ist, es gibt einen Ausweg. So hatte er es selbst erfahren. Jeder hat in sich eine Kraft, die zum Glück strebt. Er muss nur auf den manchmal kaum vernehmbaren inneren Wegweiser hören.

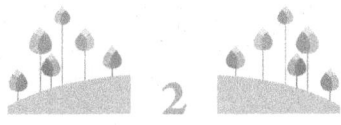

2

DER INNEREN WEISHEIT FOLGEN

Nimm keine andere Zuflucht

Buddha hat die Erfahrung gemacht, dass er seinen Weg allein finden musste. Deshalb betonte er, dass es keinen Sinn mache, einem Guru blind zu folgen, sondern dass jeder und jede für sich selbst herausfinden möge, was wohltuend und was schädlich sei. Niemand solle sich hinter Ritualen, Regeln und Anweisungen verstecken, sondern Bewusstheit entwickeln, spüren lernen und danach handeln. So gesehen sind die Lehrreden Buddhas reinste Hilfe zur Selbsthilfe.

Autoritäten und Traditionen können uns bestenfalls mitteilen, was einige andere Menschen bisher als hilfreich empfunden haben. Sie können uns jedoch weder die Suche nach dem eigenen individuellen Weg abnehmen noch festlegen, wo es langgehen soll. Es wäre zudem paradox, einen Weg der Befreiung vorschreiben zu wollen.

Da Buddha nicht den Anspruch erhob, als Einziger zu wissen, wie sich das Leiden überwinden lässt, ermutigte er alle, selbst zu erforschen, was nützt und was überflüssig oder sogar unzuträglich ist. Diese Haltung kann man nur als antiautoritär bezeichnen.

Finde heraus, was für dich stimmt. Lass dich nicht von Gurus vereinnahmen. Glaube nicht, sondern erkenne selbst. Sei eigenständig, nicht unterwürfig. Mit diesen Überzeugungen nahm Buddha einen empirischen und wissenschaftlichen Ansatz vorweg, der nichts auf Dogmen gibt, sondern auf Erfahrung und Experiment beruht. Versuch und Irrtum heißt die Devise. Nicht Theorien, Gedankengebilde oder gar Fantasien interessierten Buddha, sondern allein die Frage: Nützt es? Wenn es hilft, mach weiter. Wenn es dir schadet, lass es.

Dieser Nutzen muss sich stets aufs Neue beweisen. Das wird schön in der Geschichte vom Wanderer und dem Floß illustriert: Ein Wanderer gelangte auf seinem Weg an einen breiten und tiefen Fluss, den er weder durchwaten noch durchschwimmen konnte. So kam ihm die Idee, sich ein Floß zu bauen. Er sammelte Äste, Schilf und anderes Material, baute das Wasserfahrzeug und gelangte sicher ans andere Ufer.

Dort angekommen überlegte er, was er mit diesem so hilfreichen Gegenstand tun wollte, und beschloss, da es ihm so gute Dienste erwiesen hatte, sich das Floß auf den Kopf zu binden und weiter mitzunehmen. So nützlich es bei der Überquerung des Wasserlaufs gewesen war, so unbequem und hinderlich war es für den Wanderer an Land.

Das Floß war zum Hinüberschwimmen gemacht und nicht zum Herumtragen. Mit dieser Erzählung wollte Buddha verdeutlichen, dass man genau überlegen soll, wie lange man etwas wirklich braucht. Er forderte seine Schüler auf diese Weise auf, alles, was den Zweck erfüllt hat, loszulassen und unbeschwert weiterzugehen. Auch an seine Lehre sollten sie sich nicht klammern, wenn diese ihren Zweck, die

Befreiung vom Leiden, erfüllt habe. Die Buddha-Lehre dient keinem Selbstzweck.

Die Geschichte erinnert uns heute noch daran, zu prüfen, ob die praktische Anwendung der buddhistischen Lehre mit ihrer Verehrung im richtigen Verhältnis steht. Das Entscheidende ist nicht, sich Buddhastatuen oder -köpfe ins Zimmer zu stellen oder sich eines vermeintlich buddhistischen Jargons zu bedienen, sondern den Kern der Lehre im Alltag anzuwenden.

Daran erinnert auch die folgende Geschichte aus dem Zen-Buddhismus: In einem sehr kalten Winter begann ein Mönch, Holzstatuen Buddhas zu Brennholz zu machen. Der Klostervorsteher war entsetzt, als er dies bemerkte. Er stellte den Mönch zur Rede. Dieser wollte wissen, ob es sich bei den Statuen um Buddha selbst handele. »Natürlich nicht, sie sind aus Holz«, sagte der Abt. »Wenn das so ist, kann ich die anderen Statuen dann auch noch haben?«, fragte der Mönch.

Befreiung vom Leiden, das kann in einem Eiswinter bedeuten, Buddhastatuen zum Heizen zu verwenden. Wer sich an Ikonen klammert, verfehlt den Sinn von Buddhas Lehre.

Die Botschaft Buddhas ist frei von Dogmen. Es gibt keine Glaubensvorschriften. Äußere Autoritäten sind wertlos.

Buddha mahnte noch kurz vor seinem Tod: »Seid euch selber Zuflucht. Nehmt keine andere Zuflucht.« Damit unterstrich er eindringlich, dass jeder die Quelle des Glücks in sich trägt. Nirgendwo sonst sei sie zu finden. Buddha hat eine Wegbeschreibung hinterlassen. Dieser soll man folgen, jedoch nicht blind, sondern stets gewissenhaft prüfend, ob man Fortschritte macht. Kommt man dem Glück näher, weiß man, dass man auf dem richtigen Weg ist. Eine andere Orientierung ist ausgeschlossen. Das ist es, worum es Buddha geht.

Erinnerung an glückliche Tage

Was tut mir gut?

So leicht diese Frage gestellt ist, so schwer ist sie zu beantworten. Und um es noch komplizierter zu machen: Die Antwort kann sich im Laufe unseres Lebens mehrfach verändern. So wie sich alles – wir eingeschlossen – stetig verändert, ob es uns gefällt oder nicht.

Buddha hatte lange darüber nachgedacht, ob es in seinem Leben Zeiten gegeben hatte, in denen er glücklich gewesen war. Endlich war ihm eingefallen, wie er als Junge oft im Schatten eines Bodhibaumes gesessen und wie wohl er sich dabei gefühlt hatte. Der Palast seines Vaters und alle seine Verpflichtungen als Prinz waren in diesen Momenten weit, weit weg gewesen. Buddha hatte nur die Anwesenheit des prächtigen Baumes gespürt, seinen Rücken an den breiten Stamm gelehnt und den Moment genossen.

Als er sich dieses vergangene Glück bewusst machte, war ihm klar, dass er das erinnerte Wohlgefühl dieser Tage in sein jetziges Leben holen konnte und musste, wenn er sein Leiden überwinden wollte.

Uns allen gibt Buddha damit einen entscheidenden Hinweis: Den Schlüssel zu unserem Wohlbefinden und Glück kennen wir bereits. Wir sind uns seiner nur nicht bewusst. Bei der Frage »Was tut mir gut?« können wir wesentliche Antworten finden, wenn wir unser bisheriges Leben Revue passieren lassen.

Was haben wir gern getan? Wobei ging uns das Herz auf? Wovon konnten wir gar nicht genug bekommen? Was hat uns so viel bedeutet, dass wir Raum und Zeit vergessen haben? Welche Menschen um uns herum waren wohltuend? Was war so heilsam im Kontakt mit diesen Personen? Oder war es ein Tier, das in unseren glücklichsten Momenten eine große Rolle gespielt hat? Vielleicht war es eine Pflanze oder ein Garten?

Nehmen Sie sich genug Zeit, um in Ihren guten Erinnerungen zu schwelgen. Oft sind solche Erlebnisse und die dazu gehörenden Gefühle verschüttet, sodass wir sie nicht auf Anhieb finden können. Sie müssen erst wieder ausgegraben werden. Aber es lohnt sich, sie zu suchen. Denn nur so können wir erkennen, was wir persönlich brauchen, um ganz bei uns selbst zu sein und die Quellen des Glücks sprudeln zu lassen. Und – noch besser – wir wissen dann, was wir in unserem jetzigen Leben ändern müssen, damit wir wieder so glücklich sind wie in unseren besten Zeiten.

Sogar Menschen, die in ihrem bisherigen Dasein nicht viel Schönes erleben konnten, haben fast immer neben allem Leid auch Gutes erfahren. Sie sind Menschen, Tieren, Pflanzen oder Dingen begegnet, bei denen ihr Herz Freudensprünge vollführt hat. Solche »Glücklichmacher« gilt es aufzuspüren und in die Gegenwart zu integrieren.

Sicherlich, viele dieser Menschen oder Tiere leben mittlerweile nicht mehr oder sind unerreichbar. Doch durch die bewusste Erinnerung kann man wieder ein Gespür dafür bekommen, was das Heilsame war, das von solchen Begegnungen ausging. Man kann dann gezielt danach suchen und das erinnerte Wohlgefühl im Hier und Jetzt erneut kreieren.

Menschen und Dinge in der Außenwelt sind immer nur der Anlass zum Glück. Dieses liegt in uns. Wer sich innerlich nicht berühren lässt, den kann kein Mensch, kein Tier, keine

Pflanze und keine Sache glücklich machen. Indem man genau beobachtet, wie man positiv oder negativ oder neutral auf innere und äußere Reize reagiert, kann man so viel über sich lernen, dass es nicht länger dem Zufall überlassen bleibt, ob man leidet oder glücklich ist.

Wenn wir uns auf diese Weise an Gutes in der Vergangenheit erinnern, können wir Kraft daraus ziehen und unsere Gegenwart reicher machen. Die »alten Geschichten« dienen dann nicht der Nostalgie oder der Klage (»Früher war alles besser«), sondern zeigen uns, wo unsere individuellen Zugänge zum Glück zu finden sind.

Und noch etwas anderes wird uns bei so einem »Ausgrabungs-Abenteuer« bewusst. Jeder kann sein Leben auf unterschiedliche Weise erzählen, als Chronik des Scheiterns, als Slapstickstreifen, als Märchen, als Tragikomödie oder als Heldenreise. Es liegt an uns, welche Aspekte wir betonen und welche wir unter den Tisch fallen lassen. Nur haben wir uns meist an eine bestimmte Erzählweise unserer Biografie so sehr gewöhnt, dass es uns schwerfällt, umzuschalten. Probieren Sie es einmal aus. Betrachten Sie es als ein Spiel, das ebenso viel Spaß wie Durchblick bringen kann.

Für manche ist Buddha nichts weiter als ein verantwortungsloser Familienvater, der sich seiner Bestimmung als König entzogen hat. Besonders für diejenigen, die die westlichen Leistungs- und Wertmaßstäbe fest verinnerlicht haben, stellt sich die Lebensgeschichte Buddhas so dar.

Für andere ist Buddha dagegen ein Vorbild – und das bis heute. Er hat seine Freiheit genutzt, sich von inneren und äußeren Zwängen zu lösen. Ihm ist etwas gelungen, was zu allen Zeiten nur wenige schaffen: die Befreiung vom Leiden.

Wäre er seinem vorgezeichneten Lebensweg gefolgt, hätte es möglicherweise auch so aussehen können: Er hätte die Macht seines Königreichs durch Mord und Eroberung gemehrt. Seine Depressionen hätte er mit Sex, oberflächlichen Vergnügungen und Drogen zu zerstreuen versucht. Siddhartha wäre vielleicht ein Herrscher geworden, von denen die Geschichtsbücher bis in unsere Zeit voll sind. Er wäre als Gewaltherrscher unter Umständen eines Tages ermordet worden. Wahrscheinlich wäre er, gequält von Gewissensbissen, verbittert und vom Leben tief enttäuscht, gestorben.

Welcher Lebensweg ist Ihnen vorgezeichnet? Wollen Sie ihn weitergehen? Welche Erinnerung könnte für Sie zum entscheidenden Wendepunkt werden? Was ist Ihr Bodhibaum-Erlebnis? Wann waren Sie ausnahmsweise zutiefst glücklich und zufrieden? Was können Sie tun, um die Ausnahme zur Regel zu machen?

Jeder hat einen inneren Kompass

Bei seiner Suche nach der Überwindung des Leidens hat Buddha eine wesentliche Entdeckung gemacht. Er hat seinen inneren Kompass wiedergefunden, der ihm irgendwann beim Erwachsenwerden abhandengekommen war. Besser gesagt, der Kompass war die ganze Zeit da, aber Siddhartha hatte ihn nicht mehr beachtet. Dabei ist dieser Kompass, neben der Erinnerung an glückliche Tage, das entscheidende Instrument, um der inneren Weisheit folgen zu können.

Sie kennen das bestimmt. Sie standen vor einer Entscheidung und haben Ja gesagt, obwohl Ihr Kompass Nein anzeigte. Sie haben Ja gesagt, weil Sie dachten, das sei vernünftig oder weil die anderen es auch taten, oder weil Sie Angst hatten, laut Nein zu rufen. Oder umgekehrt: Sie haben sich nicht getraut, Ja zu etwas zu sagen, obwohl Sie es gern getan hätten, und dann war die Gelegenheit vorbei.

Fast jeder kennt dieses Gefühl, das sich einstellt, wenn wir in die falsche Richtung marschieren. Unser Kompass hat uns den richtigen Weg gezeigt, aber wir wollten nicht hinschauen.

Machen Sie sich bitte keine Vorwürfe deswegen. Das würde die Sache nur verschlimmern. Es ist nicht leicht, den eigenen Weg zu gehen. Der eigene Weg, das ist der, der sich gut und richtig anfühlt, auch wenn alle anderen meinen, einem davon abraten zu müssen. Aber die haben eben einen anderen Kompass oder sind einfach nur verpeilt. Da sind garantiert immer eine Menge Warner und falsche Freunde und wohlmeinende Desorientierte, die uns von unserem Lebensweg abbringen wollen. Manche bräuchten nur ein bisschen Rückenstärkung, um sich nach ihrem Kompass zu richten. Andere haben ihn bereits so lange ignoriert, dass es Zeit und Übung bräuchte, die Signale dieses wertvollsten Instruments, über das wir verfügen, überhaupt wieder zu bemerken und der eigenen Wahrnehmung zu trauen.

Es gibt verschiedene Möglichkeiten, sich mehr auf den inneren Kompass einzulassen. Man könnte beim Essen beginnen und spüren, wonach einem wirklich der Appetit steht. Vielleicht ist das gar nicht die Tafel Schokolade oder das Müsli oder die Banane, die man üblicherweise verspeist, sondern etwas ganz anderes, etwas Scharfes, Saures oder Bitteres.

Überhaupt könnte man öfter seinen Körper befragen, was jetzt das Beste, das Wohltuendste wäre: welche Bewegung, welche Körperhaltung, Ruhe oder Aktivität?

In Anwesenheit welcher Menschen fühlt man sich gut? Wer gibt oder nimmt einem Energie? Das lässt sich spüren, wenn man nur darauf achtet.

Oder Sie nehmen den Begriff Kompass buchstäblich und schauen bei Ihrem nächsten Spaziergang – egal ob in der Stadt oder auf dem Land – einmal, wohin es Sie zieht. Das mögen ganz andere Richtungen und Wege sein als die, die Sie sonst üblicherweise einschlagen.

Es gibt viele Möglichkeiten, wie Sie den inneren Wegweiser bei Ihren Entscheidungen einbeziehen können. Alles beginnt mit der Bereitschaft, in Zukunft auf Ihren Kompass zu achten. Und in Zukunft heißt: Ab jetzt!

Der inneren Weisheit folgen

Rituale, Regeln und Anweisungen haben ihren Sinn. Aber wenn es ums Glück geht, versagen sie oft. Was hilft wirklich? Bewusstheit entwickeln, spüren lernen und danach handeln. Die entscheidende Frage ist: Was tut mir gut?

Die Suche nach dem individuellen Weg kann einem niemand abnehmen. Jeder muss ihn selbst finden und gehen.

Buddha empfahl, weniger zu glauben und mehr den eigenen Erfahrungen zu vertrauen.

3

DAS LEIDEN NUTZEN, UM ZUM GLÜCK ZU FINDEN

Auf dem Irrweg

Niemand will leiden. Auch jene, die Schmerz suchen, tun dies aus dem Wunsch heraus, Befriedigung, wenn nicht Zufriedenheit, zu erlangen. Sie kennen nur den richtigen Weg nicht.

Buddha hat klar benannt, wie Leiden entsteht, nämlich durch Gier, Hass und Wahn.

Die Gier, etwas unbedingt haben zu wollen, beruht immer auf dem Irrtum, anders nicht froh werden zu können. Indem man sein Glück existenziell mit etwas ganz Bestimmtem verknüpft, entsteht die nahezu unerträgliche Spannung, die der Gier innewohnt.

Die Gier ist etwas fundamental anderes als ein Wunsch. Leider wird diese Tatsache in der buddhistischen Literatur generell nicht ausreichend beachtet. Ein Wunsch entsteht, wenn wir etwas sehen, das uns gefällt. »Ach, ist das schön«, denken wir, »das möchte ich gern haben oder tun.« Unser Herz hüpft bei diesem Gedanken ein wenig in die Höhe. Uns wird angenehm warm und leicht in der Brust. Wünsche schließen die Bereitschaft ein, leer auszugehen beziehungsweise das Erhoffte eines Tages wieder aufgeben zu müssen. Solche Aussichten beunruhigen uns jedoch nicht. Wir wissen, dass unser Glück nicht davon abhängt. Wünsche sind normal. Sie besagen einfach, dass man bestimmte Dinge anderen vorzieht. Es ist ganz alltäglich, sich über seine Vorlieben klar zu werden. Zwar gibt es beispielsweise in der Meditation auch ein wunschloses Glück, aber in der Praxis gehen Wünsche und Freuden eine natürliche Verbindung ein. Auch Buddha hatte Wünsche. So hat er sich zum Beispiel genau überlegt, ob er das, was er erfahren hatte, anderen ebenfalls beibringen wollte. Er wusste, dass nicht jeder für seine Botschaft offen sein würde. Dennoch entschied er sich dafür. Es war sein Wunsch, zu lehren.

Anders verhält es sich bei Gier. »Ich muss das besitzen«, denkt man. »Wenn ich dieses nicht tun kann, werde ich meines Lebens nie wieder froh«, redet man sich ein. Und schon wird einem ganz eng ums Herz. Die Gesichtszüge verkrampfen sich und werden starr. Der gierige Geist ist aufgewühlt. »Da ist etwas Herrliches. Es wäre furchtbar, wenn ich es nicht erlangen könnte.« So oder ähnlich spricht die Gier. Aber selbst wenn man das begehrte Objekt bekommt, gibt sie keine Ruhe. Jetzt herrscht die Angst, die Sache womöglich wieder hergeben zu müssen. Die Gier bewirkt einen typischen Tunnelblick. Alles, was sonst noch erstrebenswert wäre, ist aus dem Blickfeld verschwunden.

Gier und Glück schließen einander aus. Die Gier hat Buddha vollständig abgelegt. Er war kein Getriebener. Es gab nichts, das er unbedingt haben wollte. Selbst die Befreiung vom Leiden wurde erst möglich, nachdem er die Gier danach aufgegeben hatte. Es ist paradox. Aber je mehr man danach strebt, nie wieder leiden zu müssen, desto weiter entfernt man sich von seinem Ziel.

Beim Hass handelt es sich um Gier mit umgekehrten Vorzeichen. So wie man etwas unter allen Umständen begehrt, so möchte man etwas anderes unbedingt vermeiden. Man lehnt es mit aller Kraft ab. Dahinter steht wieder der Irrtum, nicht glücklich sein zu können, sollte das Verhasste doch in unser Leben treten. Objekt des Hasses kann alles Mögliche sein, angefangen bei banalen Sachen wie dem schlechten Wetter im Urlaub, über fremd wirkende Lebensweisen anderer Menschen, die man meint, nicht tolerieren zu können, und kulminierend in der panischen Einstellung zum Älterwerden und zum Sterben, diesem vermeintlichen Stachel im Fleisch des prallen Lebens.

Wer meint, etwas unbedingt erreichen oder unter allen Umständen vermeiden zu müssen, erliegt einem Wahn. Man könnte es auch Unwissenheit oder Dummheit nennen. Derjenige verkennt die wahren Ursachen von Glück, Gelassenheit und Liebe. Glück stellt sich nicht dann ein, wenn man alles bekommt, was man möchte oder alles fernhält, was man ablehnt, sondern dann, wenn man sich in die Lage versetzt, trotz der Unvollkommenheit und Vergänglichkeit aller Wesen und Dinge das Gute in allem zu erkennen und gleichzeitig das Schlechte zu akzeptieren.

So viel Leid in der Welt

Das Lebensthema Buddhas war das Leiden und wie man es überwindet. Diese Problematik hat 2500 Jahre später nichts an Aktualität eingebüßt. Nur dass wir heute eher von Stress statt von Leiden sprechen. Buddha nannte es *dukkha*, was so viel wie »unbefriedigend«, »leidvoll« bedeutet.

Ist ein Leben ohne Stress möglich?

Buddha hat stets die Unvollkommenheit allen Seins betont. Das bedeutet, dass es unsinnig wäre, Stress und Leiden vollkommen aus der Welt verbannen zu wollen. Allein der Versuch würde neues Leid hervorrufen. Wer Stress hasst, verdoppelt diesen.

Leiden ist menschlich. Es gehört zum Leben dazu. So wie in der folgenden Geschichte: Es wird erzählt, dass eines Tages eine Frau zu Buddha kam, deren kleines Kind gestorben war. Die Frau war untröstlich und fragte Buddha, ob er ihr Kind wieder lebendig machen könne. Buddha riet ihr, sie möge herumgehen und in allen Häusern suchen, ob sie irgendwo eine einzige Person finden könne, die noch keinen geliebten Menschen verloren hatte. Die Frau tat, wie Buddha es ihr empfohlen hatte, und jeder, mit dem sie sprach, hatte Todesfälle zu beklagen. Diese Tatsache tröstete sie. Ihr Leid wurde von allen verstanden. Sie begriff, dass sie mit ihrem Schmerz nicht allein war.

Die Welt ist offensichtlich nicht so beschaffen, dass uns Leiden erspart bliebe. Wir können so damit umgehen, dass wir es möglichst nicht vergrößern, aber wir bekommen es nicht weg.

Geburt, Krankheit, Alter und Tod: All das kann schmerzvoll sein. Niemand ist frei von Niedergeschlagenheit, Wut oder Ängsten. Auch Siddhartha ging durch eine Phase langen Leidens, bevor er den Weg fand, seinen Frieden mit der Welt zu schließen. Wir unterscheiden uns nicht darin, ob wir leiden. Der Unterschied liegt darin, wie oft, wie stark und wie lange man leidet. Der Wunsch nach immerwährendem Glück ist verständlich, aber vergeblich. Auch Buddha blieb Herausforderungen ausgesetzt, konnte jedoch zunehmend besser damit umgehen. So stellte er befriedigt fest, dass es ihm nichts mehr ausmachte, wenn ihn jemand beleidigte. »Es ist, als ob du gegen den Wind spuckst«, beschied er den unflätig Schimpfenden, »es fällt auf dich zurück.«

Leiden an sich ist nicht das Problem. Es zeigt uns an, dass wir auf dem falschen Weg sind. »Gehe hier nicht weiter. Tue das nicht mehr. Versuche etwas anderes«, das ist die Botschaft des Leidens. Wenn wir die Botschaft verstehen, können wir unser Leiden zwar nicht immer sofort abschalten, aber wir können verhindern, dass es sich ausweitet und wir unser Glück dabei aufs Spiel setzen.

Leiden ist nicht dazu da, um uns zu quälen, sondern stellt unsere Fähigkeiten auf die Probe. Was könnte die Lehre aus einer schmerzlichen Erfahrung sein? Wo müssen wir noch dazulernen? Wie könnten wir uns entwickeln, um physisch und psychisch widerstandsfähiger zu werden? Gelingt es uns, mehr oder weniger, trotz des allgegenwärtigen Leids die Freuden des Lebens zu genießen?

Bevor Kleinkinder richtig laufen können, fallen sie immer und immer wieder hin. Sie stehen jedoch auch hunderte Male wieder auf, um einen neuen Versuch zu starten.

Mag sein, dass sie einen Moment lang weinen – besonders wenn ein Erwachsener in der Nähe ist –, aber dann machen sie einfach weiter. Niemand kann sie aufhalten, sich zu entwickeln und selbstständig zu werden. Nach einigen Monaten stellt das Laufen in der Regel kein Problem mehr für sie dar. Die Aufgabe ist gelöst, die Herausforderung bewältigt. Das Leiden am Laufen ist beendet (bis es im Alter, oft durch Bewegungsmangel, wieder akut wird). Das ist es, was wir von kleinen Kindern lernen können, und das könnte auch die Botschaft allen Leidens sein: Steh wieder auf, entwickle dich weiter, lass dich nicht unterkriegen! Mit der richtigen Einstellung sind deine Probleme lösbar!

Ohne Ausnahme

Etliche Menschen scheinen davon überzeugt zu sein, dass sich Glück mit materiellem Reichtum herbeizwingen lasse. Sie versuchen, sich vom Leid der Welt durch Geld und alle möglichen Besitztümer abzuschotten. Dabei könnten sie es besser wissen. Ist nicht die Regenbogenpresse voll von Beispielen bedauernswerter Prominenter aus der Wirtschaft und dem Adel, die trotz all ihrer Güter ein armseliges Leben führen?

Lassen Sie sich vom angeblichen Glück des Geldes nicht blenden: Wann waren Ihre glücklichsten Zeiten? Waren es vielleicht gerade die, als Sie finanziell noch nicht so gut dastanden? Wie viele Freunde und Bekannte haben Sie, die trotz ihres materiellen Wohlstands ständig unzufrieden sind?

Die Grundtatsachen des Lebens sind für alle Menschen gleich, unabhängig davon, ob jemand obdachlos oder millionenschwer ist. Alle, ob arm oder reich, machen die gleichen menschlichen Erfahrungen von Verlust, Einsamkeit, Schmerz, Scheitern, Krankheit, Altern und Tod.

Ich möchte mit dieser Aussage nicht die Schande der Ungleichverteilung kleinreden. Es gibt keine Rechtfertigung dafür, dass eine winzig kleine Gruppe von Menschen (nach neuesten Erhebungen sind es lediglich 62 Personen) reicher als die Hälfte der Menschheit ist. Gibt es ein stärkeres Beispiel für Gier und das daraus resultierende Leiden?

Trotzdem wäre es ein Trugschluss, sich von einer Änderung im Außen innere Zufriedenheit zu versprechen.

Niemand kommt darum herum, sich mit seinen persönlichen Stresspunkten auseinanderzusetzen. Niemandem gelingt es, sämtliche Umstände im Außen so zu verwandeln, dass Ausgeglichenheit, Wohlbehagen und Unbeschwertheit zwingend daraus folgen. Und doch besagt der allgegenwärtige Traum: Richte die Welt so ein, wie du sie haben willst, und das Glück gehört dir. Diesem Wahn hängt fast jeder Mensch zumindest eine Zeit lang an. Die Illusion ist so verlockend, dass man kaum von ihr lassen möchte. Und vor allem: Was wäre die Alternative?

Buddha hat keinen Zweifel daran gelassen, dass der Weg zur Überwindung des Leidens ein innerer und kein äußerer ist.

Es gibt so viele Unannehmlichkeiten im Leben, dass wir diese niemals aus der Welt räumen könnten, auch wenn wir es wollten. Darüber hinaus empfinden verschiedene Menschen ganz unterschiedliche Dinge als angenehm bzw. als unangenehm. Insofern würden sich die verschiedenen Weltverbesserer nur in die Quere kommen und sich nicht darüber einigen können, was zu ändern und was zu belassen wäre.

Ebenso wie jemand, der barfuß umhergeht und über die vielen Dornen und spitzen Steine auf seinem Weg jammert, statt sich Schuhe anzuziehen, erscheinen diejenigen, die sich über alles Mögliche beklagen, ohne auf die Idee zu kommen, dass sie so etwas wie Sandalen für die Seele bräuchten.

Der Ausweg

Genau betrachtet ist das Leiden nicht unser Feind, sondern unser Freund. Stress beispielsweise ist vergleichbar mit den Signalen einer Alarmanlage, die uns vor allem warnen soll, was uns nicht guttut. Zu Beginn ist ihr Schrillen noch erträglich, aber wenn wir nichts unternehmen, steigert sie sich bis zum ohrenbetäubenden Lärm, der alles andere übertönt.

So ist es auch mit dem Leiden. Es lässt sich am Anfang noch bequem ignorieren. Am Ende jedoch füllt es unser gesamtes Bewusstsein aus und wir sind verzweifelt.

Fatal wäre der Versuch, die Alarmanlage zum Schweigen zu bringen. Sie ist nur die Überbringerin der schlechten Nachricht. Sie signalisiert uns, dass etwas nicht stimmt, dass wir etwas in unserem Leben ändern müssen, wenn wir uns nicht verletzen oder sogar dauerhaft schädigen wollen. Versuchen wir den Alarm abzuschalten, zum Beispiel durch Medikamente oder Alkohol, existiert das Problem weiterhin, wir nehmen es nur nicht mehr wahr. Das ist kein positives Denken, sondern Wahnsinn. Wir wären wie ein Mann, der aus dem obersten Stock eines Wolkenkratzers fällt und während er am dreißigsten, zwanzigsten und zehnten Stock vorbeirauscht, immer wieder beteuert, es gehe ihm fantastisch.

In Umfragen beteuert regelmäßig ein hoher Prozentsatz der Interviewten, glücklich oder sehr glücklich zu sein. Gleichzeitig steigt der Umsatz von Psychopharmaka. Wie passt das zusammen?

Das Leiden zu leugnen ist fast noch schlimmer, als es nur zu beklagen. Eine Umkehr macht man sich auf diese Weise unmöglich. Leider werden wir täglich Zeugen, wie

Menschen die offensichtlichen Missstände nicht wahrhaben wollen, sei es die Erderwärmung, die extreme Ungleichverteilung der Güter, die zerstörerische Wirkung des gigantischen Autoverkehrs oder der achtlose Umgang mit der Gesundheit. Wer keine Alternativen kennt oder glaubt, eine Änderung seines Lebensstils nicht ertragen zu können, handelt zwar in gewisser Weise folgerichtig, wenn er die Probleme leugnet. Allerdings wird dadurch das, was nicht tragbar schien, mit der Zeit tatsächlich unerträglich.

Das Leiden hat einen Sinn. Es kann – individuell und gesellschaftlich gesehen – zum Wendepunkt werden. Der Moment, in dem wir umkehren und einen zuträglicheren Weg einschlagen, wartet auf uns. Es ist nur eine Frage des Bewusstseins, ob und wann wir endlich auf unsere Alarmanlage hören wollen.

Das Leiden nutzen, um zum Glück zu finden

Körperlicher und seelischer Schmerz ist nicht dazu da, um uns zu quälen, sondern hat eine Botschaft, die verstanden werden will. Sie lautet: »So geht es nicht weiter. Etwas in deinem Leben stimmt nicht. Finde heraus, was das ist, und ändere es. Dann wird Glück für dich (wieder) möglich.«

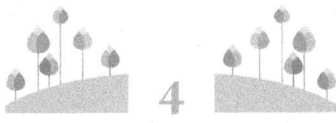

Die überragende Bedeutung des Geistes erkennen

Alles geht vom Geist aus

Buddha wird fast ausschließlich in meditativer Sitzhaltung dargestellt. Deshalb könnte man auf den ersten Blick vermuten, dass Meditation der Kern seiner Lehre sei. Tatsächlich ist es aber etwas anderes, was die Einzigartigkeit seiner Entdeckung ausmacht. Buddha hat die überragende Bedeutung des Geistes erkannt.

Bis zur Überwindung des Leidens hat er sich in ganz unterschiedlichen Umgebungen bewegt: im Palast seines Vaters, als Kind unter seinem schattenspendenden Lieblingsbaum und auf der Wanderschaft als Mönch. Nach und nach wurde ihm klar, dass die Umgebung zwar sein Missbehagen oder sein Wohlgefühl verstärken konnte, aber nicht der eigentliche Grund dafür war, ob es ihm gut oder schlecht ging. Eine schöne Umgebung führt nicht automatisch zu Wohlbehagen. Das wusste er aus seinem Luxusleben als Prinz. Er konnte in einem Moment froh und im nächsten bedrückt sein, je nachdem welche Gedanken ihm durch den Kopf schossen.

So kam Buddha auf die Idee, seine Gedanken einzuteilen, in solche, die ihm wohl taten, und in solche, mit denen es ihm schlecht ging. Er begriff, dass er seine Gedanken steuern konnte. Er war ihnen nicht hilflos ausgeliefert. Es lag an ihm, welche er festhielt und welche er losließ. Worauf er sich konzentrierte und was er nur beiläufig wahrnahm.

Erinnerte er Schmerzliches, empfand er Schmerz. Dachte er Erfreuliches, empfand er Freude. Ließ er seine Gedanken um Neutrales kreisen, blieb er gelassen. Er begriff, dass nicht die Dinge an sich schmerzlich, erfreulich oder neutral sind, sondern erst seine Bewertungen sie zu dem einen oder dem anderen machten. Unvernünftige, extreme und übertreibende Gedanken rufen entsprechend unangenehme Gefühle hervor. Ebenso folgen Ruhe, Gelassenheit und Glück auf vernünftige, ausgewogene und hoffnungsvolle Gedanken.

Buddha stellte außerdem fest, dass es ihm guttat, wenn sein Geist nicht allzu sehr vorauseilte, sondern in der Gegenwart blieb. Niemand kann die Zukunft vorhersagen. Deshalb ist es besser, sich nicht mit Szenarien, was kommen könnte, in Unruhe zu versetzen.

Aber auch Gedanken an die Vergangenheit sind häufig nicht geeignet, zu angenehmen Emotionen beizutragen. Außer, wir denken an glückliche Momente und lassen uns davon neu erfüllen. Oft aber führen Gedanken an früher Erlebtes zu Denkspiralen, was alles hätte sein können, aber nicht geschehen ist. Die Vergangenheit ist vorbei. Wir können sie nicht ungeschehen machen. Das Hier und Jetzt ist es, was uns unmittelbar angeht. Außerdem trübt Nostalgie den klaren Blick auf die Tatsachen.

Buddha erkannte, dass Menschen so fühlen, wie sie denken, und dass sich Gedanken hervorrufen und lenken lassen, wenn man achtsam ist. Da es niemandem möglich ist, zwei

Gedanken gleichzeitig zu denken, lassen sich unangenehme Fantasien durch wohltuende Vorstellungen ersetzen, ebenso wie man auf hasserfüllte Gedanken freundliche folgen lassen kann. Dementsprechend verändern sich die Gefühle. Menschen, die es schaffen, ihre Gedanken derart zu beeinflussen, nannte Buddha Meister der Gedankenbeherrschung. Dies war für ihn die höchste Fähigkeit, die ein Mensch entwickeln kann.

Da sich der Geist immer dahin neigt, woran man denkt, und durch häufigen Gebrauch Denkgewohnheiten entstehen, entwickeln sich nicht nur unsere momentanen Gefühle entsprechend unserer Gedanken, sondern unsere gesamte Lebenseinstellung folgt unseren Überzeugungen. Wir fühlen nicht nur, wie wir denken, sondern wir leben auch, wie wir denken.

Dieselbe Erkenntnis hatten, viele Jahrhunderte später, die Begründer der Rational-Emotiven Verhaltenstherapie, Albert Ellis, und der Kognitiven Therapie, Aaron T. Beck.

Sie nannten ihre Beobachtung das ABC der Gefühle, weil zwischen dem äußeren Auslöser (A) und der Reaktion oder Konsequenz (C) die so wesentliche Bewertung (B) liegt. Je nachdem wie wir äußere Umstände bewerten, entscheidet sich, ob ein und dasselbe Ereignis als furchterregend, ärgerlich, erfreulich oder neutral eingeordnet wird.

Dazu ein Beispiel: Stellen Sie sich vor, Sie stehen morgens auf dem Weg zur Arbeit im Stau. Die Bewertung dieser Situation kann ganz unterschiedlich ausfallen. Vielleicht denken Sie: »Was für eine Sauerei! Nur weil die Stadt es nicht schafft, ihre Baustellen vernünftig aufeinander abzustimmen, läuft hier gar nichts mehr.«

Es kann aber auch sein, dass Sie gerade mit Ihrem Lieblingsmenschen in ein interessantes Gespräch vertieft sind und Ihnen die Tatsache, dass es mit dem Auto nicht vorangeht, sogar gelegen kommt.

Möglicherweise bricht Ihnen auch der Schweiß aus, weil Sie denken: »O je, wenn ich noch einmal zu spät komme, sinken meine Chancen auf eine Vertragsverlängerung auf null!«

Wie Sie sehen, ist die äußere Situation – der Stau – in allen drei Fällen identisch, die Gefühle reichen aber von Wut über Freude bis zur Panik, je nachdem wie Sie denken.

Die überragende Bedeutung des Geistes ist den allermeisten überhaupt nicht bewusst. In Zeiten, in denen der Materialismus quasi die westliche Hauptreligion ist, neigen Menschen dazu, nur das für wahr und wichtig zu nehmen, was sie mit Händen greifen können. Sie zählen, vermessen und quantifizieren, beurteilen Menschen nach ihrer ökonomischen Verwertbarkeit und versuchen in Gehirnen »Verdrahtungen« und Botenstoffe auszumachen, die erklären sollen, warum Menschen so und nicht anders reagieren.

Der Geist ist den Materialisten suspekt. Lässt er doch alles, was ihnen heilig ist – Geld, Gold, Immobilien oder die Weltherrschaft – unbedeutend erscheinen.

Buddha hat solche Menschen bedauert. Er hat erkannt, dass sie sich an die Welt klammern, weil sie Verzweifelte sind, denen der innere Weg zur Erlösung vom Leiden unbekannt ist, so wie ihm vor seiner Erleuchtung.

Wir fühlen, wie wir denken

Da wir so fühlen, wie wir denken, können wir unsere Leid hervorrufenden Gedanken durch solche ersetzen, die das Leiden beenden. Jeder Gedanke mit Inhalten wie »Das wird alles böse enden und ich kann nichts dagegen tun!« ruft Leiden hervor. Wenn man so denkt, fühlt man sich ohnmächtig und unglücklich.

Denkt man aber: »Die Situation ist schwierig, aber mir wird etwas einfallen, damit umzugehen!«, beendet dieser Gedanke das Leiden. Man ist optimistisch und beurteilt die eigenen Möglichkeiten, Probleme zu lösen, positiv. Selbstverständlich sollten den Leid beendenden Gedanken auch Taten folgen. Aber diese fallen wesentlich leichter, wenn man sich kompetent und handlungsfähig fühlt.

Ein anderes Beispiel: Denkt man: »Ich habe mein Leben vergeigt. Nichts gelingt mir. Ich bin ein Versager!«, fühlt man sich tief deprimiert.

Anders bei folgenden Gedanken: »Im Moment läuft vieles schief. Aber ich schaffe das schon. Ich habe schon Schlimmeres überstanden. Mal schauen, welche Möglichkeiten ich jetzt habe.« Mit diesen Überlegungen leugnet man die Probleme nicht, bleibt jedoch zuversichtlich und lösungsorientiert.

Es geht nicht darum, krampfhaft positiv zu denken, sondern darum, typische Denkfehler zu vermeiden. Einer davon ist, sich eine schlechte Zukunft vorauszusagen. Auch wenn einem das Leben manchmal hart und ungerecht scheint, wäre es wenig hilfreich, darauf zu schließen, dass einem zukünftig nur noch Schlechtes passieren wird. Niemand weiß, was kommen wird. Veränderungen können immer auch Positives bringen. Am besten geht es einem, wenn man zuversichtlich bleibt und abwartet, wie sich die Dinge entwickeln. Man tut, was man kann, und dann schaut man, was dabei herauskommt.

Mithilfe des ABCs der Gefühle wird einem bewusst, dass man seinen Emotionen nicht hilflos ausgeliefert ist, sondern sie selbst durch sein Denken hervorruft.

Dieses Wissen ist allerdings heutzutage noch wenig verbreitet. Üblicherweise sind Menschen davon überzeugt, dass die Umstände sie auf eine bestimmte Weise fühlen lassen. Unsere Sprache spiegelt diese Unkenntnis. Man sagt: »Er macht mich fertig! Sie hat mich gedemütigt! Er bringt mich zur Weißglut!«

Dabei könnte man es besser wissen. Die Kognitive Methode ist schließlich keine Geheimlehre. Hat man sich damit beschäftigt, sagt man in Zukunft: »Er will mich runterziehen, aber das lasse ich nicht zu! Sie will mir meine Würde nehmen und weiß nicht, dass sie das niemals schaffen kann! Er möchte mich ärgern: vergeblich!«

Merken Sie, welche Freiheit sich durch das ABC der Gefühle auftut? Sie können sich in Zukunft hartnäckig weigern, unglücklich zu sein! Und dabei reden Sie sich nichts ein, sondern machen sich einfach die Kraft Ihrer Gedanken zunutze.

Buddha hat es vorgemacht. Wir brauchen nur das anzuwenden, was er lehrte.

Das ist doch Wahnsinn!

Schauen wir uns genauer an, wie das ABC der Gefühle funktioniert. Wie kommt man von Gedanken, die Stress verursachen, zu entspannten Überlegungen? Wie gelingt das Umdenken? Wie hat Buddha Leid auslösende Gedanken durch Leid beendende ersetzt?

Zuerst einmal ist es nützlich, die typischen Denkfehler zu identifizieren, die geradewegs zu schlechten Gefühlen führen. Menschen sind nicht so erfinderisch, wie man glauben könnte, und vor allem nicht so unterschiedlich. Deshalb ist die Zahl der Leid auslösenden Gedanken überschaubar. Es gibt einige »Klassiker«.

Besonders häufig ist das Alles-oder-nichts-Denken. Sie kennen das: »Immer geht alles schief.« – »Nie räumst du dein Zimmer auf.« – »Alle anderen fahren im Sommer ans Meer, nur ich muss hierbleiben.« – »Keiner liebt mich.« Solche Überlegungen können einem, wenn man sie ernst nimmt, umgehend die Laune verderben. Wenn man sie ernst nimmt? Geht das denn auch anders?

Ja, sicher, indem man die Alles-oder-nichts-Gedanken anzweifelt. So zum Beispiel: »Stimmt das denn überhaupt, dass *immer alles* schiefgeht?« – »Nein, letzte Woche erst habe ich eine richtig tolle neue Wohnung gefunden.«

Oder so: »Geht wirklich alles schief? Heute ist mir zuerst mein Lieblingskaffeebecher runtergefallen, dann habe ich eine Absage von der X-AG gekriegt und dann hat auch noch Marie unsere Verabredung abgesagt.« – »Andererseits fällt mir selten irgendetwas runter. Zwei Bewerbungen laufen noch. Und Marie hat neulich gesagt, wie gern sie mit mir zusammen ist.« – »Okay, das heißt: Heute sind drei Sachen anders gelaufen, als ich wollte, mehr nicht. Es waren nur drei, nicht alle, und das passiert mir auch nicht immer, sondern es ist heute mal geschehen.«

Um das Alles-oder-nichts-Denken zu überwinden, streichen Sie am besten Worte wie »immer«, »nie«, »alles« und »keiner« aus Ihrem Vokabular (Sag niemals nie!). Passen Sie auf, wenn Sie sich oder andere diese Alles-oder-nichts-Begriffe sagen hören.

Experimentieren Sie lieber mit den Wörtern »manchmal«, »einige«, »hin und wieder«. Sie werden feststellen, dass Sie die übertreibenden Vokabeln nicht wirklich brauchen und sich ohne sie wohler fühlen.

Bereits bei der Wahrnehmung des äußeren Ereignisses können einem leicht Verzerrungen oder Missverständnisse unterlaufen, so wenn einem spätabends drei dunkle Gestalten entgegenkommen. Schnell überlegt man: »Hoffentlich führen die nichts im Schilde. Man hört ja so viel in letzter Zeit.«

Als die drei an einem vorbeigehen, stellt man fest, dass es sich um drei Arbeiter handelt, die auf dem Weg zu ihrer Nachtschicht sind.

Bevor die Fantasie mit einem durchzugehen droht, kann es nützlich sein, sich zu überlegen, was eine Kamera aufzeichnen würde. In unserem Beispiel zeigt die Kamera lediglich drei Männer und keine »dunklen Gestalten«. Sie zeigt nichts Bedrohliches, sondern drei Menschen auf dem Weg zur Arbeit.

Es tut einem gut, sich diese Kamerasicht anzugewöhnen. Nüchtern und sachlich schaut man: Was ist passiert? Was geht hier gerade vor? Man bleibt bei den Tatsachen und hält seine Fantasie im Zaum.

Bei der Bewertung eines Ereignisses ist das Tor zu Leid auslösenden Überlegungen weit geöffnet. Hier gilt es, aufzupassen und vor allem darauf zu achten, Übertreibungen und Dramatisierungen zu vermeiden. Wer die unangenehmen, unerwünschten Dinge sofort als Katastrophe, furchtbar oder unerträglich betrachtet, der wird oft Stress und selten Wohlbehagen empfinden. Viel bekömmlicher sind Bewertungen, die sich nicht gleich in die höchsten Höhen des Dramas schrauben, sondern die Sache cooler angehen.

Als Erstes könnte man sich überlegen, was wirklich eine Katastrophe ist. Infrage kommen Naturkatastrophen wie Erdbeben, Überschwemmungen oder Vulkanausbrüche mit Tausenden von Toten, Kriege, die bis in folgende Generationen unsägliches Leiden verursachen, oder verheerende, kaum zu beherrschende Unglücke wie außer Kontrolle geratene Atomkraftwerke. Verglichen damit ist das, was man momentan erlebt, wahrscheinlich keine Katastrophe, sondern nur etwas, das mehr oder weniger unangenehm ist. Möglicherweise ist ein Ereignis gar nicht furchtbar, sondern nur traurig, und nicht unerträglich, sondern lediglich schwierig. Streichen Sie am besten dramatisierende Begriffe aus Ihrer Alltagssprache. Kehren Sie auf den Boden der Tatsachen zurück.

Unter den klassischen Denkfehlern, die geeignet sind, Stress hervorzurufen, ragt ein weiterer besonders heraus. Es sind die Gedanken, die ein Muss, Sollte oder »Darf auf keinen Fall« enthalten.

Denke ich: »Dieses Buch *muss* absolut genial werden. Es *darf auf keinen Fall* passieren, dass es irgendjemandem nicht gefällt. Es *sollte* für alle Zeiten den Menschen als Hilfe dienen«, baue ich eine extreme Spannung auf. Auf diese Weise entwickeln AutorInnen Schreibblockaden.

Viel entspannter ist es, sich zu sagen: »Es wäre schön, wenn ich vielen Lesern und Leserinnen dabei helfen könnte, ihre Stressmuster zu erkennen und sich davon zu befreien. Es wird wahrscheinlich welche geben, die es ablehnen, egal was ich schreibe. Das ist nicht so schlimm. Mir reicht es, ein gutes Buch unter anderen guten Büchern zu schreiben.« Merken Sie, wie wohl das tut?

Bei welchen Themen setzen Sie sich unter Druck? Was *muss*, *sollte*, *darf auf keinen Fall* bei Ihnen passieren? Und dann schalten Sie um auf entspanntere Denkweisen.

Die Realität erkennen

Buddha lehrte, dass Gier, Hass und Wahn die Hauptursachen für unser Leiden seien. Es sind Kennzeichen eines unentwickelten Geistes. Wer giert, ist sich nicht bewusst, dass er das Objekt seiner Begierde nicht braucht, um glücklich und zufrieden zu sein. Derjenige, der hasst, schreibt dem Verhassten mehr Macht über sein Leben zu, als es in Wirklichkeit hat.

Am schlimmsten ist jedoch der Wahn. Ohne ihn gäbe es weder Gier noch Hass. Er tritt in unterschiedlichen Stufen auf. Harmlosere Formen sind beispielsweise Verwechslungen und Missverständnisse. Man kauft im Supermarkt versehentlich den falschen Joghurt, hält den Inhaber eines Geschäfts für einen Angestellten und glaubt irrtümlich, den Wohnungsschlüssel verloren zu haben, obwohl er direkt auf dem Wohnzimmertisch liegt. So etwas passiert jedem.

Problematischer sind Vorurteile. Dabei handelt es sich um vorgefasste Meinungen, die der Wirklichkeit widersprechen. Sie können sich auf alles Mögliche beziehen: Einzelpersonen, Teile der Bevölkerung, Nationen, aber auch auf die Natur und die Welt im Allgemeinen. So verdächtigt man Herrn Maier, ein Kinderhasser zu sein, weil er sich einmal über den Lärm beschwert hat. Von nun an kann er sich über Kinder äußern, wie er will, es wird ihm grundsätzlich negativ ausgelegt.

Moslems und Araber stehen zurzeit für manche Menschen unter Generalverdacht, schließlich könnten es Terroristen sein. So etwas wechselt im Laufe der Jahrhunderte.

Mal sind es diese, mal jene, die eine Art Sündenbockfunktion übertragen bekommen. Sie werden dann für alles verantwortlich gemacht, was gesellschaftlich schiefläuft.

Sogenannte Erbfeindschaften zwischen Nationen haben viel Unheil angerichtet. Von Generation zu Generation wurden Feindbilder weitergegeben. Es bedarf großer Anstrengungen, solche Vorurteile zu überwinden.

Die Lehrbücher der Psychiatrie beschreiben zahlreiche Formen des Wahnsinns. In diesen klinischen Fällen ist der Bezug zur Wirklichkeit zeitweise oder dauerhaft so gestört, dass ein Leben ohne Betreuung unmöglich wird. Zugleich hat die Behandlung von Geisteskrankheiten große Fortschritte gemacht. In früheren Jahrhunderten wurden die Betroffenen meist einfach in geschlossene Anstalten gesperrt. Heute sind auch auf diesem Gebiet Heilungen möglich. Zumindest ist die Integration der Erkrankten in die Gesellschaft wesentlich besser geworden.

Wenn man die Begriffe »Wahn« und »Realität« hinterfragt, ist es unter Umständen gar nicht so einfach, das »Normale« vom »Verrückten« und die »Wirklichkeit« von der »Traumwelt« zu unterscheiden. Leicht hält man die eigene Realitätswahrnehmung für die absolute Wahrheit, so wie in der folgenden Geschichte: Es waren einmal mehrere blinde Männer, die auf einen Elefanten trafen. Der eine befühlte das Bein des Elefanten und sagte: »Das Wesen gleicht einem mächtigen Baumstamm.«

Ein anderer befühlte die Schwanzspitze des Tieres und erklärte: »Es handelt sich um etwas pinselähnliches.« Der dritte hatte das Ohr angefasst und war sich sicher: »Dieses Tier hat die Form eines Fächers.« Der vierte, der den Rüssel befühlt hatte, widersprach: »Nein, es ist wie ein Rohr.« Die

Blinden konnten sich nicht einigen, wer recht habe, dabei hatten alle etwas Richtiges, aber eben nur einen Teil der Wirklichkeit erfasst.

Für jeden Menschen ist zunächst die Welt, in der er lebt, seine Wirklichkeit. Als Kinder passen wir uns der Umgebung an, in die wir hineingeboren worden sind. Ist die Familie ziemlich neurotisch, übernehmen wir einige der Macken, weil es in der Verwandtschaft normal ist, »verrückt« zu sein. Mit zunehmender Welterfahrung stellen wir fest, dass die Uhren in anderen Familien anders gehen als zu Hause. Plötzlich werden Verhaltensweisen als unpassend und hinderlich empfunden, die in der Herkunftsfamilie als normal gelten.

Sobald wir ins Ausland reisen und andere Kulturen besuchen, bemerken wir erneut die Unterschiede: Die Menschen sind auf einmal viel lauter oder leiser, als wir es gewohnt sind, sie kleiden sich anders und haben andere Umgangsformen. Mit einigen unserer gewohnten Handlungsweisen ernten wir bestenfalls Gelächter und schlimmstenfalls wütende Reaktionen. Um einen Zusammenprall der Kulturen zu vermeiden, gibt es in unserer globalisierten Welt mittlerweile Anleitungen, wie man sich wo benimmt, um alle landestypischen Fettnäpfchen elegant zu umgehen.

Mit anderen Worten: *Die* Realität gibt es nicht. Es gibt viele verschiedene Realitäten.

Wahn umfasst viele Formen: Illusion, Täuschung, Halluzination, Einbildung, Psychose, Dummheit, Unsinn, Missverständnis, Fehleinschätzung, Neurose, Ignoranz, Unwissenheit oder Uninformiertheit. Dagegen hilft nur Lernen.

Der Geist ist formbar. Er kann sich in höchste Höhen schwingen, aber auch in tiefste Tiefen sinken. Buddha teilte die Verfassung des Geistes ein in verblendet/unverblendet, zerstreut/unzerstreut, entwickelt/unentwickelt, befreit/unbefreit.

Achtsamkeit und Lernen sind die besten Mittel gegen Unwissenheit und Wahn und damit gegen das Leiden. Es wird häufig übersehen, dass Bildung und Ausbildung wesentliche Gesundheitsfaktoren sind. Bei der Diskussion, ob Salz, Zucker oder Fett schädlich sind, und welche Stoffe Krebs erregen, kommt zu kurz, dass der geschulte Geist offensichtlich zu einem längeren glücklicheren Leben verhilft.

Man könnte vermuten, dass Menschen mit besserer Ausbildung mehr verdienen und sich deshalb mehr Gesundheit kaufen können. Aber das stimmt nicht. Studien mit Frauen und Männern mit gleichem Einkommen haben ergeben, dass mit zweieinhalbmal größerer Wahrscheinlichkeit diejenigen gesünder sind und länger leben, die einen qualifizierten Abschluss vorweisen können, als Menschen ohne Ausbildung.

Diese Untersuchungen legen nahe, dass ein entwickelter Geist die Realität besser erkennt und den Körper vor gesundheitlichen Gefahren besser zu schützen weiß als ein ungeschulter Geist.

Deshalb hat Buddha so großen Wert darauf gelegt, die Zusammenhänge zwischen den Gedanken, den Gefühlen, dem Handeln und dem körperlichen Befinden genau zu erforschen. Nur so erschließt sich einem die überragende Bedeutung des Geistes für Glück und Gesundheit und damit auch für die Befreiung von unnötigem Leiden.

Nicht nur für alte Menschen

Die Lehre Buddhas taugt für alle Menschen – egal ob jung oder alt –, die sich dauerhaft von ihrem Leiden, ihrem Stress und allem, was sie tagtäglich bedrückt, befreien wollen. Sie ist ganz aktuell. Wir brauchen keine brandneue Methode, die lautstark als das letzte große Ding gepriesen wird. Alles, was wir tun können (nicht müssen!) ist, das anzuwenden, was Buddha lehrte. Es kann jedoch nützlich sein, seine Lehre in eine für unsere Ohren verständlichere Sprache zu bringen.

Die überragende Bedeutung des Geistes zu erkennen, ist eines von zehn Dingen, die wir von Buddha lernen können.

Wer den Zusammenhang zwischen seinen Gedanken und seinen Gefühlen kennt, hat den Schlüssel zur persönlichen Freiheit in der Hand.

Menschen, die wissen, woher ihre Gefühle kommen, nämlich von ihren eigenen Bewertungen, sind weder von anderen manipulierbar noch sehen sie sich ihren Emotionen hilflos ausgeliefert. Die Zeiten, in denen sie Dinge behaupteten wie: »Weil er sich so benommen hat, bin ich ausgerastet« oder »Jenes Erlebnis hat mein Leben zerstört«, sind endgültig vorbei. Plötzlich wird deutlich, wie der tatsächliche Zusammenhang aussieht: »Weil ich darauf bestanden habe, dass diese Sache genauso läuft, wie ich es will, bin ich in eine Denkfalle getappt. Dass ich mich dann schwarz geärgert habe, war nur folgerichtig, hätte aber nicht sein müssen« oder »Nach diesem Erlebnis habe ich geglaubt, dass ich nichts wert bin. Ich wusste lange nicht, wie ich mein Selbstvertrauen reparieren kann.«

Sicherlich, die Erkenntnis, dass wir fühlen, wie wir denken, hat zwei Seiten. Einerseits ist sie der Schlüssel zur Freiheit, andererseits auch der Beginn der Selbstverantwortung. Man kann nicht mehr behaupten, dass andere Menschen oder äußere Umstände einem das eigene Fühlen und Handeln diktiert hätten. Man muss sich – wohl oder übel – damit auseinandersetzen, dass man auch völlig anders hätte fühlen und sich benehmen können. Das ist nicht immer angenehm zu erkennen. Es geht zwar nicht um Schuld (die ja immer Vorwerfbarkeit voraussetzt), sondern lediglich um Ursachenzusammenhänge, aber auch diese möchten viele nicht sehen. Sie machen sich lieber vor, dass sie »nichts dafür können«.

»Kann man sich wünschen, weniger zu wissen?«, hat die Schriftstellerin Christa Wolf gefragt. Wie sieht Ihre Antwort aus? Scheuen Sie die Selbstverantwortung für Ihre Gefühle und Ihr Tun oder begrüßen Sie die Erkenntnis, dass Sie jederzeit selbst bestimmen können, wie Sie sich fühlen und wie Sie sich verhalten?

Buddha jedenfalls war sich sicher, dass wir unnötiges Leiden nur dann verhindern können, wenn wir jeglichen Wahn bzw. jegliche Unwissenheit überwinden. Wer nicht weiß oder nicht wissen will, ist im Wahn gefangen. Er hat als Mensch zwar alle Erkenntnismöglichkeiten »ab Werk« mitgeliefert bekommen, zieht es aber vor, diese brachliegen zu lassen, oder weiß nicht, dass und wie er sie sich nutzbar machen könnte. Dabei sind Erkenntnisfähigkeit und entsprechendes Handeln der Kern unseres Menschseins und das, was uns von Tieren unterscheidet.

Wer begriffen hat, wie stark die Emotionen und Reaktionen mit dem Denken zusammenhängen, hat einen großen Schritt in Richtung Weisheit gemacht. Sie wird definiert als einsichtige Klugheit und innere Reife, manchmal auch überlegenes Wissen. Oft wird Weisheit nur alten Menschen zugeschrieben. Aber sie ist auch Jüngeren zugänglich. Buddha war 35 Jahre alt, als er sich für immer vom Leiden befreite.

Und so schwer ist geistige Reife gar nicht zu erlangen: Es geht darum, sich die reinen Fakten bewusst zu machen – und nichts als die Fakten – und diese anschließend sachlich zu bewerten, nicht zu dramatisieren, nicht schwarzzumalen, nicht den kleinen Diktator zu spielen und sich nicht einzureden, den Alltag nicht aushalten zu können. Eigentlich ganz einfach, wenn auch nicht leicht.

Die überragende Bedeutung des Geistes erkennen

Wir fühlen und handeln so, wie wir denken. Es liegt in unserer Macht, leidvolle Überzeugungen durch wohltuende zu ersetzen. Die Gedankenbeherrschung war für Buddha die höchste Fähigkeit, die ein Mensch entwickeln kann.

Wer diese Kunst versteht, ist so glücklich, wie er sein möchte.

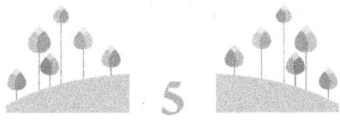

GELASSEN BLEIBEN – TROTZ ALLEM

Was es unmöglich macht, gelassen zu bleiben

Neben der Unwissenheit hat Buddha Gier und Hass als wesentliche Gründe für das Leiden der Menschen identifiziert. Schauen wir uns diese beiden Hindernisse für ein gutes Leben genauer an.

Wie sieht es bei Ihnen aus? Empfinden Sie sich häufig als gierig? Hassen Sie viel?

Es würde mich wundern, wenn Sie diese Fragen rundheraus bejahen würden. Üblicherweise glaubt man, damit nicht viel zu tun zu haben. Wieso sollte man sich als gierig ansehen, wenn man einfach bestimmte Sachen unbedingt besitzen möchte? Ist doch klar, dass man Dinge haben will, die andere in der Umgebung auch haben, oder?

Wie war das noch mit dem Wünschen und der Gier? Man sieht etwas und findet es herrlich: kein Problem. Man findet etwas wunderbar und möchte es haben: kein Problem. Man möchte es um jeden Preis haben, weil man glaubt, sonst nie wieder glücklich sein zu können: und schon schnappt die Falle zu. Reine Wünsche fesseln nicht. Nur Gier macht unfrei.

Wissen Sie, wie man in einigen Gegenden Affen fängt? Eine Kiste mit Bananen wird mit einem Gitter abgeschirmt, dessen Stäbe gerade so weit voneinander entfernt sind, dass ein Affe hineingreifen kann, aber die so eng stehen, dass er seine Faust mit der umklammerten Banane nicht wieder herausbekommt. Um sich zu befreien, müsste der Affe die Banane wieder loslassen. Dazu ist er nicht bereit. Nun ist der Affe durch seine Gier gefangen. Und wir Menschen, wenn wir uns an etwas festklammern, ebenfalls.

Nicht nur auf Bananen oder andere Gegenstände kann sich Gier beziehen, sondern auch auf Erlebnisse. »Rom sehen und sterben«, schwärmte Goethe auf dem Höhepunkt seiner Italiensehnsucht. Heute scheint für viele eher der Aufenthalt in New York das zu sein, was sie unbedingt erleben müssen.

Und noch weiter kann die Gier gehen. Wer fordert, dass alles in seinem Leben genau so zu sein habe, wie er sich das in den Kopf gesetzt hat, wird regelmäßig unsanft mit der Realität zusammenstoßen. Dabei ist ihm die Unbedingtheit seiner Forderungen garantiert nicht bewusst. Überlegen Sie einmal, wann Sie sich zuletzt heftig geärgert haben. Was war der Anlass Ihrer Wut? Wie konnte das Universum es wagen, anders zu wollen als Sie?

Vermutlich spielten Worte wie »muss«, »sollte« oder »darf nicht« eine wesentliche Rolle bei Ihren Überlegungen: »Das darf doch nicht wahr sein!« oder »Muss ich mir das bieten lassen?« oder »Wer sich Verkäufer nennt, sollte ein Mindestmaß an Kundenorientierung vorweisen können«.

Wenn man zum Beispiel am Kurfürstendamm auf den Bus wartet und denkt: »Wenn schon der neue Berliner

Flughafen nicht fertig wird, könnte doch wenigstens der Bus ausnahmsweise mal pünktlich sein«, hat man zwar in seinen Gedanken nicht ausdrücklich ein »Muss«, »Sollte« oder »Darf nicht« verwendet, aber Sie merken es schon: Der Subtext, der mitschwingt, lautet: »Es soll hier endlich das passieren, was ich will, und zwar sofort!« Die Folge sind Ungeduld und Ärger. Geht es auch anders? Könnte man trotz der Busverspätung gelassen bleiben? Wie müsste man dann darüber denken?

Es ist besser, nicht alles zu glauben, was man denkt. Bei anderen ist man viel skeptischer, ob das wirklich stimmt, was sie einem erzählen. Nur den eigenen Überlegungen vertraut man blind. Oft zum eigenen Schaden!

Man kann seine Gier erkennen und infrage stellen: Wer sagt denn, was sein muss? Wer bestimmt, was geschehen sollte und was nicht? Wo steht geschrieben, dass etwas nicht so sein darf, wie es ist?

Wünschen ist harmlos. Fordern und begehren öffnet dem Leiden dagegen Tür und Tor. Das ist keine Wortklauberei. Wünsche dürfen und können sich erfüllen. Man freut sich, wenn etwas wunschgemäß gelingt, aber behält seine Seelenruhe, wenn es nicht klappt, und wendet sich anderen Dingen zu. Gier besteht auf Erfüllung. Nicht zu erlangen, was man unbedingt haben will (beispielsweise eine Beförderung) oder etwas zu bekommen, was man auf keinen Fall möchte (zum Beispiel eine chronische Krankheit), stürzt einen deshalb in Verzweiflung. Wer sich von Gier befreit, hat einen wesentlichen Schritt weg vom Leiden getan. Buddha hat es mit seinem bedürfnisarmen, dafür umso zufriedeneren Leben vorgemacht.

Kommen wir zur nächsten Frage: Hassen Sie viel?

Hass und Gelassenheit schließen sich aus. Ähnlich wie bei der Gier ist vielen Menschen nicht bewusst, dass und wann sie hassen. Was ist damit gemeint? Gier und Hass sind Extreme. Das eine bezeichnet das unbedingte Habenwollen, das andere benennt die äußerste Form der Abneigung.

Die Bemerkung: »Ich mag diesen Schlagerfuzzi nicht«, mit anschließendem Weiterzappen auf ein anderes Programm ist noch okay. Leichte Ablehnung ist so harmlos wie das Wünschen. Man muss nicht alles gut finden.

Doch wenn die Abneigung in Hass umschlägt, beginnt das Leiden. Keine Rache ohne Hass, kein Fanatismus ohne Hass, kein Krieg ohne Hass.

Dabei ist heftige Abneigung – ebenso wie Gier – viel verbreiteter, als es zunächst scheinen mag. Man findet sie in Familien, in Betrieben und unter Nachbarn. Auch Liebesbeziehungen schlagen manchmal in Hass um.

Bedauerlicherweise versuchen einige, heftiges Begehren und leidenschaftliche Ablehnung als etwas Positives darzustellen. Das geht an der Wirklichkeit vorbei. Man braucht sich nur die Folgen solch extremer Einstellungen anzusehen. Sie sind der Stoff für Dramen und Tragödien.

Wenn das Leben zum ständigen Kampf wird

Wer vom Habenmüssen und von feindseliger Abneigung erfüllt ist, für den ist das ganze Leben ein Kampf. Ständig gilt es, KonkurrentInnen um vermeintlich knappe Güter auszustechen, GegnerInnen zu besiegen, die einem im Weg sind, und überhaupt alle Feinde zu bekämpfen, die man glaubt, nicht tolerieren zu können. Wut hält man dann für eine lebensnotwendige Antriebsfeder und den siegreichen Kampf für das eigentliche Ziel des Daseins.

Gern wird eine solche Lebenseinstellung mit den Thesen Darwins, Bezugnahmen aufs Tierreich oder Hinweisen auf die Härten des Lebens unserer Vorfahren garniert. Dabei hat Darwin gar nicht vom »Überleben des Stärksten« gesprochen, sondern gemeint, dass diejenigen Arten sich am besten behaupten, die am anpassungsfähigsten seien (»survival of the fittest«, »fit« ist nicht mit »stark«, sondern mit »angepasst« oder »flexibel« treffend übersetzt).

Abgesehen davon, dass Menschen nicht zwingend gegeneinander kämpfen müssen, selbst wenn Pantoffeltierchen dies im Experiment vorleben sollten, mehren sich die Stimmen, die die These vom Kampf der Arten auf Leben und Tod infrage stellen. Oft erweist sich Kooperation als die bessere Strategie.

Zweifellos ist ein Leben im Kampfmodus sehr, sehr anstrengend. Machen wir ein kleines Experiment: Schreiben Sie doch einmal die Dinge auf, die Ihnen gegen den Strich gehen, bei denen Sie regelmäßig hochgehen, wenn sie passieren. Sind diese ständigen Scharmützel nicht wahnsinnig kraftraubend? (Glückwunsch, wenn Ihre Liste kurz ist.)

Wäre Toleranz in einigen Fällen vielleicht die bessere Alternative? Wohlgemerkt: Tolerieren heißt weder mögen noch gutheißen, sondern lediglich, nicht ständig dagegen anzugehen und die Dinge einfach mal so sein zu lassen, wie sie sind. Scheint Ihnen das unakzeptabel? Dann gehen Sie bitte Ihre Liste noch einmal durch. Könnten Sie sich bei dem einen oder anderen Punkt vorstellen, zu sagen: »Ich mag es nicht, aber es darf da sein«?

Das könnte beispielsweise so aussehen:

Der unstillbare Husten des Nachbarn ... darf da sein.

Die unfreundliche Kollegin ... darf da sein.

Der morgendliche Stau ... darf da sein.

Meine Speckröllchen am Bauch ... dürfen da sein.

Politische Auffassungen, die ich ablehne ... dürfen da sein.

Der Mann, der mich gerade angerempelt hat ... ich glaube, ich schaff's nicht!

Okay, Sie müssen ja in Toleranz nicht gleich Meisterschaft erlangen; denn auch das Unperfekte an Ihnen darf da sein.

Experimentieren Sie öfter mal mit einer Haltung des Erlaubens, Zulassens und Gewährenlassens, besonders bei Dingen, die Sie sowieso nicht ändern können.

Was macht es so schwer, das Häkchen bei »darf da sein« zu setzen?

Es sind vor allem drei Überzeugungen:

1. »Im Prinzip muss alles so sein, wie ich es für richtig halte.«

2. »Wenn etwas gegen meine Werte, Erwartungen und Vorlieben geht, ist das furchtbar, schrecklich, katastrophal.«
3. Wer sich das einredet, ist nur noch wenige Millimeter von dem nächsten Gedanken entfernt: »Ich kann es nicht aushalten!« Das kommt Ihnen übertrieben vor? Stimmt, Übertreibung ist die Mutter aller Stressgedanken.

Vergleichen Sie bitte die beiden folgenden Einstellungen miteinander:

a) »Als ich den Supermarkt betrat, hat mir gleich jemand auf den Fuß getreten. Komischer Kerl! Hat sich nicht mal entschuldigt. Na ja, kommt vor. Dann war meine Lieblingsschokolade ausverkauft. Okay, wenigstens hatten sie meine zweitliebste. Und an der Kasse stand ich ausgerechnet in der langsamsten Schlange. Aber dann habe ich beim Warten die Eistruhe entdeckt und gleich noch ein bisschen Mangoeis mitgenommen.«

b) »Als ich kurz vor Ladenschluss noch zum Einkaufen bin, tritt mir doch gleich so ein Vollpfosten auf den Fuß. Nicht mal entschuldigen konnte sich dieser Neandertaler! Na, dem hab ich sofort meine Meinung gegeigt. Und glauben Sie, die hatten meine Lieblingsschokolade? Wer da den Warenbestand verwaltet, hat echt seinen Job verfehlt. Im Prinzip war der Abend damit gelaufen. An der Kasse bin ich bei Madame Lahmarsch gelandet. Da ging nichts vor und zurück. Offenbar bin ich im bescheuertsten Supermarkt der Stadt gelandet: haben nichts, können nichts, aber mein Geld wollen sie. Meinen Einkaufswagen habe ich dann einfach vollbepackt stehen gelassen. Rache ist Blutwurst. Die sehen mich nie wieder!«

Wie gesagt: Ein Leben im K(r)ampfmodus ist sehr, sehr anstrengend! Und die meisten, die so leben, merken gar nicht, dass sie es selbst sind, die sich die Zeit so schwer machen. Wäre es nicht viel reizvoller, sich durch nichts, aber auch gar nichts aus der Ruhe bringen zu lassen?

Das Kreuz mit der Vergänglichkeit

Was ist schon die langsame Kassenschlange im Supermarkt gegen die Tatsache, dass wir alle sterben müssen, fragen Sie jetzt vielleicht. Kann die Lehre Buddhas uns sogar mit unserer Endlichkeit versöhnen? Oder ist es besser, Tod und Sterben so lange zu verdrängen, wie es nur irgend geht?

Fakt ist, dass Buddha als junger Mann erhebliche Probleme damit hatte, seinen und den Tod anderer Menschen zu akzeptieren. Seine Mutter war kurz nach seiner Geburt gestorben. Was das im Einzelnen für ihn bedeutet haben mag, können wir nur vermuten.

Zudem war es in Indien damals üblich, Tote weder zu verbrennen noch zu begraben, sondern auf Leichenfeldern abzulegen. Dort machten sich die Geier über die sterblichen Überreste her. Im Sinne eines Nachhaltigkeitskreislaufes war diese Praxis sinnvoll, doch Siddhartha schockierte der Anblick zutiefst. Er litt ebenso am Leben wie am Tod und hatte lange keine Antwort auf seine Frage, wie ein Mensch in dieser unvollkommenen Welt trotz Tod und Elend glücklich sein könne.

Buddha lehnte es Zeit seines Lebens ab, sich zu metaphysischen Fragen zu äußern. Was geschieht mit uns nach dem Tod? Können wir auf ein ewiges Leben oder eine Wiedergeburt hoffen oder müssen wir diese befürchten? Darauf gab er keine Antwort.

Weil er aber Gier und Hass als wesentliche Gründe für Stress erkannt hatte, lehrte er, dass ein Mensch nur dann Probleme mit dem Tod habe, wenn er darauf bestehe, alles müsse so bleiben, wie es ist. Letztlich ist die absolute

Forderung, ewig leben zu wollen, das Problem. Die Unbedingtheit erzeugt das Leiden. Wer das Leben liebt und alle erlaubten Freuden genießt, aber den Tod und die Begrenztheit unseres Daseins nicht hasst, sondern hinnimmt, kann sich entspannen.

Nur wer sich das Sterben als grauenvolle Qual vorstellt und den Tod nur als eine Strafe ansehen kann, entwickelt Todesängste. Dabei entsteht die Angst nicht aufgrund von Tatsachen, sondern durch negative Ansichten über Sterben und Tod.

PalliativmedizinerInnen und Hospizangestellte teilen uns mit, dass Menschen so sterben, wie sie gelebt haben.

Wenn das stimmt, bedeutet diese Aussage, dass – auch beim Sterben – einige Menschen es sich besonders schwer machen, während es anderen leichter fällt, mit Veränderung umzugehen. Bewusstheit und die daraus folgende Gestaltung des eigenen Lebens hat offenkundig Bedeutung bis in die letzten Sekunden unserer irdischen Existenz.

Wie lässt sich diese so leben, dass wir neue Erfahrungen weniger fürchten, als dass wir uns hoffnungsvoll darauf einlassen? Der Tod ist ja lediglich eine der vielen Transformationen, die unser Dasein bereithält. Vorher haben wir Zigtausende Abschiede genommen und Neuanfänge gemeistert, waren manchmal froh und manchmal traurig angesichts des Kommens und Gehens von allem und jedem.

Nach der buddhistischen Anschauung vollzieht sich das Leben ohnehin nicht linear, sondern in Kreisläufen. Bei einem Kreis gibt es keinen Anfang und kein Ende. Fortschritt wäre danach eine bloße Illusion. Alles existierte schon immer und wird nie enden.

Schauen wir uns den Wechsel der Jahreszeiten an, das immerwährende Knospen, Erblühen, Reifen, Vergehen und erneute Knospen. Wir sehen täglich, wie es läuft. Es ist kein Geheimnis. Was gerade im Westen vielen beim Tod als Ende erscheint, könnte in Wirklichkeit ein Neubeginn sein. Ebenso wie die Geburt unsere vorgeburtliche Existenz beendet.

Der ständige Wechsel, die fortwährende Veränderung ist bedauerlich, erfreulich und tröstlich zugleich. Bedauerlich ist er, wenn etwas vergeht, was wir geliebt haben, erfreulich, wenn etwas verschwindet, unter dem wir gelitten haben, und tröstlich, weil wir das Vertrauen und die Hoffnung nie zu verlieren brauchen.

Und von noch etwas anderem war Buddha überzeugt: vom Gesetz von Ursache und Wirkung, auch als Karma bezeichnet.

Danach bestimmen Menschen ihr Schicksal selbst. Ursachen, die jeder von uns setzt, haben Wirkungen. Diese entsprechen jedoch nicht unbedingt dem, was wir einmal bezweckt haben, und sie treten mal umgehend und manchmal erst nach langer Zeit ein. Je bewusster ein Mensch ist, desto deutlicher werden ihm diese Grundtatsachen des Lebens und desto eher ist er in der Lage, sich danach zu richten. Karma bedeutet also kein unabwendbares Schicksal, sondern gibt allen die Freiheit, ihrem Dasein jederzeit eine Wende zu geben, wenn nötig.

Da die Lehre Buddhas höchst diesseitig ist, ist die entscheidende Frage ohnehin: Was möchten wir mit unserem Leben vor dem Tod anfangen? Wie wollen wir unser Dasein gestalten, um eines Tages ohne Bedauern abtreten zu können? Wie können wir denken, um Veränderungen voll und ganz zu akzeptieren und uns nicht sinnlos gegen den Lauf der Zeit zu stemmen?

Leicht ist es nicht, sich diese Einstellung zu eigen zu machen. Sonst hätten nicht sogar die engsten Vertrauten Buddhas, als dieser im Sterben lag, darüber geklagt. Es wird berichtet, dass Buddha seine Seelenruhe bewahrte und noch im Dahinscheiden die anderen tröstete. Das ist Gelassenheit und Mitgefühl in Vollendung!

Die Illusion der Vollkommenheit

Was bedeutet Vollkommenheit? Stellt man hundert Menschen diese Frage, wird man viele verschiedene Antworten erhalten. Vollkommenheit ist keine feste Größe, sondern liegt im Auge des Betrachters. Das Vollkommene ist (wieder einmal) keine Tatsache, sondern Ausdruck einer individuellen Bewertung. Gleichwohl bezieht sich ein großer Teil unserer Gedanken und unseres Stresses darauf, zu beklagen, man selbst, andere Menschen, Dinge, Erlebnisse, ja das Leben insgesamt seien nicht perfekt.

Wie stark ist Ihr Bedürfnis nach Vollkommenheit? Meinen Sie, Sie seien frei davon? Dann rufen Sie sich bitte einmal in Erinnerung, warum Sie zuletzt unzufrieden waren. Was war der Anlass Ihrer Irritation, Ihres Ärgers oder Ihrer Enttäuschung? Fallen Ihnen fünf Beispiele ein?

Bei manchen sieht die Liste so aus:
- Meine Nachbarin ist zu laut.
- Mein letzter Urlaub war ein Reinfall.
- Ich bin meinem Kind nicht die Mutter, die ich gern wäre beziehungsweise nicht der Vater, der ich gerne wäre.
- Mein Chef erkennt meine Leistungen nicht an.
- Ich schaffe es nicht, aus meinem Leben das zu machen, was ich gern erreichen würde.

Wir führen fast alle – wenigstens in Gedanken – eine derartige Liste. Nur die Themen wechseln. Wir sind, warum auch immer, unzufrieden.

Menschen, die hohe Erwartungen haben, werden häufig erleben, dass sich diese nicht erfüllen. Sie müssten deswegen nicht zwangsläufig enttäuscht sein; denn viele Erwartungen finden in der Realität keine Entsprechung. Das ist einfach so. Kein Grund, sich aufzuregen. Man kann der Wirklichkeit Rechnung tragen, indem man seine Erwartungen herunterschraubt. Diejenigen, die sich von vielem wenig versprechen, werden oft angenehm überrascht.

So wie der israelische Schriftsteller Amos Oz, der morgens nach dem Aufstehen zunächst davon ausgeht, es werde weder eine zuverlässige Wasserversorgung noch Strom geben und sich dann freut, wenn er doch zu einem köstlichen Morgenkaffee und einer erfrischenden Dusche kommt. Wahrscheinlich verführt uns die solide und störungsarme Versorgungssituation in Deutschland dazu, viel zu selten dankbar zu sein für alles, was wie am Schnürchen funktioniert. Wir sehen zu oft die zehn Prozent, die an den hundert fehlen.

Nichts spricht dagegen, sich stets das Gute, Wahre und Schöne zu wünschen. Aber man muss dann aufpassen, dass diese Wünsche nicht in Gier nach dem Vollkommenen beziehungsweise in Hass auf das Unperfekte umschlagen. Mit der Zufriedenheit ist es sonst vorbei.

Erich Fried hat in seinem Gedicht »Die Maßnahmen« drastisch beschrieben, wo der Hass auf alles Unvollkommene hinführen kann:

»Die Faulen werden geschlachtet,
die Welt wird fleißig.

Die Hässlichen werden geschlachtet,

die Welt wird schön.
Die Narren werden geschlachtet,
die Welt wird weise.
Die Kranken werden geschlachtet,
die Welt wird gesund.
Die Alten werden geschlachtet,
die Welt wird jung.
Die Traurigen werden geschlachtet,
die Welt wird lustig.
Die Feinde werden geschlachtet,
die Welt wird freundlich.
Die Bösen werden geschlachtet,
die Welt wird gut.«[*]

Das Ergebnis der Gier nach Perfektion wäre eine höchst inhumane Gesellschaft. Alle Versuche, die Welt in der von Erich Fried beschriebenen Weise vollkommen zu machen, haben unendlich viel Leid über die Menschheit gebracht. Leider ist sein Gedicht aktueller denn je, wenn man die letzten Zeilen betrachtet.

Sehen wir es doch lieber so: Die anderen und alles um uns herum ist unvollkommen – und deswegen brauchen auch wir nicht perfekt zu sein!!

[*] Erich Fried, Die Maßnahmen, aus: Gesammelte Werke. Herausgegeben von Volker Kaukoreit und Klaus Wagenbach. © Verlag Klaus Wagenbach, Berlin 1993.

Das Leiden am Leiden

Vermutlich ist es eine Folge des allgegenwärtigen Machbarkeitswahns, dass die Leidensfähigkeit unserer Gesellschaft abzunehmen scheint. Wir können heute so viel lenken und bestimmen, dass wir danach streben, auch noch die allerletzten Unpässlichkeiten aus unserem Leben zu verbannen.

Allein der hohe Standard unseres Gesundheitssystems lässt heutzutage Heilungen zu, die vor Jahrhunderten noch unter Wunder verbucht worden wären. Lahme wieder gehend, Blinde (zumindest Kurzsichtige) wieder sehend und Taube (Schwerhörige) wieder hörend zu machen, geschieht derzeit an jeder Ecke, ohne dass es noch jemanden groß erstaunen würde.

Eine fragwürdige Kehrseite dieser Erfolge zeigt sich in dem Versprechen der modernen Medizin, die Folgen eines unvernünftigen Lebensstils ungeschehen machen zu können. Eine neue Hüfte und sogar ein neues Herz einzusetzen, sind alltägliche Eingriffe geworden. Pillen, die die Symptome, aber nicht die Grundprobleme beseitigen, werden gegen alles Mögliche angeboten. Doch dadurch wird das Leiden nicht wirklich aufgelöst.

Buddha hat vor 2500 Jahren die Befreiung vom Leiden zu seinem Lebensthema gemacht und Strategien entwickelt, auf gesunde Weise mit Problemen umzugehen. Er war sich bewusst, dass sich die Grundtatsachen des Lebens wie Krankheit, Alter und Tod nicht aus der Welt schaffen lassen, hat aber gleichzeitig erkannt, dass unser Glück nicht davon abhängt.

Gegen die Hoffnung, Schmerz zu vermeiden, ist nichts einzuwenden. Leider schießt auch in diesem Fall der Wunsch leicht über das Ziel hinaus und wird zur unbedingten Forderung. Das Paradoxe ist: Je fanatischer man versucht, jegliches Leiden aus seinem oder dem Leben anderer zu verbannen, desto mehr Leid setzt man in die Welt.

Die einzige Methode, die dagegen hilft, heißt Akzeptanz.

Beim ABC der Gefühle haben wir gesehen, dass die persönliche Bewertung die entscheidende Rolle dabei spielt, wie wir äußere Ereignisse empfinden. Je entspannter wir der Welt entgegentreten, je mehr wir Menschen und Dingen die Erlaubnis erteilen, so zu sein, wie sie sind, desto mehr Gelassenheit und Freude lassen wir in unser Leben und desto mehr Kummer und Sorgen können wir vermeiden.

Aus der Schmerzforschung wissen wir, dass das körperliche Empfinden stark von unseren Erwartungen geprägt ist. Sie kennen das bestimmt von medizinischen Untersuchungen oder vom Zahnarztbesuch. Je ängstlicher und verkrampfter man auf die ersten unangenehmen Reize wartet, desto schmerzhafter empfindet man diese. Noch frappierender ist die Erkenntnis, dass die Schmerzreaktion in vielen Fällen erlernt ist. Deshalb ist es möglich, Schmerzen wieder zu verlernen, wenigstens teilweise.

Es ist schon widersinnig: Das Schmerzempfinden lässt nach, wenn wir es akzeptieren, uns entspannen und mit anderem beschäftigen. Bestehen wir jedoch darauf, den Schmerz abzuschalten, wird er stärker als je zuvor.

Im Prinzip ist es mit vielen Problemen so. Manchmal lassen sich diese nicht lösen – jedenfalls nicht im Moment –, aber wir können uns von ihnen lösen.

Und wo bitte geht's hier zum Nirwana?

Es gäbe nicht unzählige Vorstellungen vom Paradies, vom Garten Eden, dem Nirwana, dem Schlaraffenland, von Utopia oder wie auch immer die imaginierten idealen Gefilde beschrieben und benannt werden, wenn nicht so viele Menschen davon träumten.

Als kleine Kinder haben wir an den Weihnachtsmann, Bullerbü, den Osterhasen, das Teletubby-Land oder die Zahnfee geglaubt. Aber auch als Erwachsene können wir uns häufig nur schwer von unseren Paradiesvorstellungen und Heldengestalten trennen. Sei es, dass wir von Palmenstränden, Inseln des ewigen Frühlings oder weißen Villen auf grünen Hügeln träumen oder auch davon, die ewige Liebe, den Superstar, den perfekten Partner oder die Traumfrau zu finden. Es scheint einfach sehr verlockend, sich in Fantasien zu ergehen, eines Tages irgendwann und irgendwo sämtliche Schwierigkeiten hinter sich lassen zu können und in vollständiger Harmonie und gebadet in ewiger Glückseligkeit in allem zu schwelgen, wonach einem der Sinn steht.

Wer materialistisch ausgerichtet ist, für den ist dieses Sehnsuchtsgebilde ein konkreter Ort. Wem Geistiges mehr bedeutet, für den ist es ein abstrakter Zustand.

Und von welchem Paradies träumen die BuddhistInnen? Vom Nirwana, würden viele antworten, die mit der Lehre Buddhas nicht vertraut sind. Damit liegen sie allerdings falsch. Nirwana und Paradies sind nicht das Gleiche. Buddha hat Paradiesvorstellungen nicht unterstützt und schon gar nicht in die Welt gesetzt. Zwar gibt es inzwischen tatsächlich eine Spielart des Buddhismus, die an einen überweltlichen Buddha glaubt und von einer Wiedergeburt im »Reinen Land« träumt, aber dies zeigt nur, wie weit sich der heutige Buddhismus zum Teil von der ursprünglichen Lehre Buddhas entfernt hat.

Nirwana heißt wörtlich »Verlöschen«. Das passt zur Beschreibung der Gier, die in der buddhistischen Lehre gern mit unstillbarem Durst oder einem lodernden Feuer verglichen wird. Wir alle kennen diesen Zustand, in dem wir etwas so stark begehren, dass wir meinen, gar nicht genug davon bekommen zu können. Doch kaum haben wir ein Stück des Begehrten erlangt – sind wir sofort auf das Nächste scharf.

Das Nirwana wäre demnach das Ende des feurigen Begehrens. Seelenruhe kehrt ein. Wer das Nirwana erreicht, ist frei von Gier, Hass und Wahn. Wir brauchen deshalb nicht die Koffer zu packen, um zum Nirwana zu gelangen, sondern lediglich unseren Geist zu trainieren.

Gelassenheit beginnt im Kopf. Aber diesen so zu gebrauchen, dass sich Ruhe, Freiheit und geistige Unabhängigkeit einstellen, ist ebenso eine lebenslange Aufgabe wie ein wunderbares Ziel.

Wie das Wort Gelassenheit schon hören lässt, hat es viel mit Lassen zu tun: zulassen, loslassen, sein lassen. Erinnern Sie sich? »Meine Speckröllchen am Bauch ... dürfen da sein.« »Politische Auffassungen, die ich ablehne ... dürfen da sein.« Und so weiter. Fügen Sie gern Ihre Lieblingsaufreger hinzu!

Der Weg in die Hölle und weg vom Nirwana ist von vier Säulen gesäumt: den absoluten Forderungen (»Ich bestehe darauf, dass ...«), dem Dramatisieren (»Es wäre eine Katastrophe, wenn ich nicht bekomme, was ich fordere.«), dem

Verknüpfen des persönlichen Glücks mit der absoluten Forderung (»Wenn mir das Begehrte versagt bleibt, kann ich es
nicht aushalten. Dann werde ich nie wieder glücklich sein.«)
und dem Hass auf die Welt, die nicht so ist, wie man es verlangt (»Wenn ich nicht bekomme, was ich fordere, bedeutet
das, dass die Welt eine Fehlkonstruktion ist, die Menschen
schlecht sind und ich ein VersagerIn bin«).

Buddha hat allen vorgelebt, dass es anders geht. Wer die
Unvollkommenheit der Welt annimmt und die Vergänglichkeit allen Seins radikal akzeptiert, kann sich vom Leiden befreien, irrationale Forderungen loslassen und das Leben, wie
es ist, zulassen.

Was heißt das praktisch? Wie schafft man es, zu akzeptieren, was einem nicht passt? Auf den kürzest möglichen Nen-
ner gebracht so: Indem man seinen Fokus auf das Erfreuli-
che richtet, unvernünftige Gedanken von sich und anderen
nicht für bare Münze nimmt, sondern Denkgewohnheiten
entwickelt, die zu Wohlbehagen und Seelenruhe führen.

So erreicht man das Nirwana, ohne sich auch nur einen
Millimeter von der Stelle zu rühren.

 ## Gelassen bleiben – trotz allem

Die Welt ist nicht perfekt. Es macht keinen Sinn, das zu
verlangen. Alles verändert sich. Weder Unglück noch
Glück sind beständig.

Wer Gier durch Gelassenheit und Hass durch Toleranz ersetzt, reduziert seinen Stress erheblich. Es ist in
Ordnung, sich Dinge zu wünschen. Wer jedoch aus jedem Könnte ein Muss macht, wird nie zufrieden sein.

ALLER WELT FREUND SEIN

Hass in Liebe verwandeln

Gier und Hass ziehen eine Menge weiterer unangenehmer Einstellungen nach sich: Konkurrenzdenken, Neid, Missgunst, Schadenfreude und Rache, um nur einige zu nennen.

Wie es im Inneren eines Menschen aussieht, erkennt man daran, welche Haltung er gegenüber anderen fühlenden Wesen, seien es Personen, Tiere oder Pflanzen, einnimmt. Ein glücklicher Mensch strebt danach, dass es anderen Wesen auch gut gehen möge. Nur wer verzweifelt ist, verspürt manchmal das Bedürfnis, anderen Leid zuzufügen, und erhofft sich davon vergeblich Erleichterung.

Wenn man sich Studien anschaut, wie viele Menschen in ihrer Kindheit Vernachlässigung, Demütigungen, psychische und physische Gewalt erleiden, ist es wenig verwunderlich, dass Boshaftigkeit, Ausbeutung, Unterdrückung und Kriege an der Tagesordnung sind. Diese Gewaltspirale zu erkennen, ist der erste Schritt. Sich daraus endgültig zu befreien: Das ist die Aufgabe.

Gier, Hass und alle daraus resultierenden negativen Folgen gründen auf irrationalen Überzeugungen (Wahn/Unwissenheit). Diejenigen, die so denken, sind nur auf ihren eigenen Vorteil aus und meinen, es sich nicht leisten zu können, ihr Wissen, ihre Zeit oder ihr Geld mit anderen zu teilen. In ihrem Streben nach immer mehr Produktion, Konsum und Leistung vernachlässigen sie ihre eigenen Bedürfnisse nach Glück, Gelassenheit und Liebe. Darunter leiden sie. Aber sie verstehen die wahren Ursachen ihres nagenden Schmerzes nicht und neigen in ihrer Verblendung dazu, das Rad der Zerstörung immer schneller zu drehen.

Buddha hat diesen Wahnsinn durchschaut und ein Kontrastprogramm entwickelt: mitfühlende Güte. Zu Recht sagt der Dalai Lama: »Meine Religion ist Freundlichkeit.« Aller Welt Freund zu sein, schließt die Sorge für das eigene Wohlbefinden mit ein. Auch die christlichen Religionen postulieren das Gebot, den Nächsten zu lieben wie sich selbst. Es scheint allerdings so, als hätten etliche den zweiten Teil dieses Satzes vergessen. Dabei wäre es der falsche Weg, sich um andere kümmern zu wollen, ohne die eigenen Bedürfnisse zu beachten und zu erfüllen.

Leider gibt es Menschen, die aus der fehlgeleiteten Annahme handeln, sie könnten durch gute Taten für andere ihr Selbstwertgefühl und sogar ihren »Marktwert« aufbessern. Dabei hat die Liebe und Sorge für andere erst dann eine echte Chance, wohltuend zu wirken, wenn sie aus der Fülle eigener Zufriedenheit entsteht. Ab einem gewissen Punkt lässt sich das eigene Glück nur noch steigern, indem man andere dabei unterstützt, ebenfalls glücklich zu sein.

Nachdem Buddha es geschafft hat, ein zufriedener, unerschütterbarer und freundlicher Mensch zu werden, beschloss er, allen Interessierten den Weg zur Befreiung vom Leiden zu zeigen. Er machte dabei nicht den Fehler, anderen seine Erkenntnisse aufzudrängen. Er war für diejenigen da, die seiner Lehre offen gegenüberstanden.

Einsichtigen Menschen ist bewusst, dass das Glück, geliebt zu werden, noch übertroffen wird vom Glück zu lieben. Und lieben meint: sich selbst und andere.

Vielleicht fragen Sie sich jetzt: Muss ich denn alle Menschen lieben? Auch die Schwierigen, Unzuverlässigen und Gemeinen? Hätte Buddha das von mir verlangt?

Da Liebe bekanntlich ein Kind der Freiheit ist, wäre die *Verpflichtung* zu lieben paradox. Um mit seinen Mitmenschen gedeihlich zusammenzuleben, reicht es aus, anderen nicht zu schaden. Der Gedanke: »Was du nicht willst, dass man dir tu', das füg' auch keinem andern zu«, spricht eine tiefe Wahrheit aus. Wenn man sich zuerst darum bemüht, keinen Schaden anzurichten, bevor man beschließt, die ganze Welt zu lieben, überfordert man sich nicht mit einer Aufgabe, der man wahrscheinlich noch gar nicht gewachsen ist. Der Wert friedlicher Koexistenz zwischen einzelnen Menschen und Staaten wird unterschätzt. Ist sie erreicht, kann man sich nach und nach noch größeren Herausforderungen stellen und überlegen, wie man bestimmten Menschen nicht nur nicht schaden, sondern etwas Gutes tun könnte. Bereits kleine Gesten des Wohlwollens bewirken oft mehr, als man glaubt. Man kann beispielsweise andere fragen, ob sie Unterstützung brauchen, und darauf achten, wie man seine Talente anderen zur Verfügung stellen kann. Um herauszufinden, wem welche Art der Freundlichkeit (Aufmerksamkeit, Zeit, materielle Hilfe, Geld, Rat oder Tat) guttun könnte, braucht es Beobachtungsgabe, Einfühlungsvermögen und die Bereitschaft zuzuhören.

Manchmal besteht die Liebe, die man anderen gibt, auch einfach darin, dass man sie so sein lässt, wie sie möchten, und aufhört, an ihnen herumzuzerren.

Es tut gut, sich in andere hineinzuversetzen. Zum einen dient das der Welterkenntnis, zum anderen merkt man dabei, dass man sogar mit denjenigen eine Menge gemeinsam hat, bei denen man das zuerst nicht vermutet hätte. Außerdem verurteilt man auf diese Weise weniger, sondern versteht mehr. Empathie hilft einem dabei, sich in der Welt geborgen zu fühlen, vertrauensvoll in die Zukunft zu schauen, zu tun, was zu tun ist, und so ein Segen für sich und andere zu sein.

Das heißt aber nicht, dass man Menschen, die einem übel mitspielen, naiv oder hilflos gegenübertreten sollte. Es ist vernünftig, sich zu schützen und notfalls auch zu wehren. Dabei schließen sich Mitgefühl und Gegenwehr keineswegs aus. Man kann verstehen, warum Menschen Böses tun, wie diese geworden sind, wie sie sind, und genau deswegen verhindern, dass sie ihr zerstörerisches Werk fortführen. Andererseits sollte man die Hoffnung nie aufgeben, dass jemand sich zum Guten zu ändern vermag. Schließlich möchte man doch auch, dass andere einem eine zweite, dritte und weitere Chancen einräumen, wenn man Mühe hat, soziale Regeln zu begreifen, oder?

Besonders schwierig ist es, denen, die einem Steine in den Weg gelegt oder Schaden zugefügt haben, zu vergeben. Auch Vergebung lässt sich nicht einfordern. Sie ist eine Fähigkeit, die erst entwickelt werden muss. Der allererste Impuls ist es leider, zurückzuschlagen.

Inzwischen weiß man, dass Groll und Hass mehr demjenigen schaden, der diese Gefühle empfindet, als der Person, der sie gelten. Wer gut für sich sorgt, wird erkennen, dass Vergebung nicht nur ein Geschenk an andere ist, sondern mehr noch der eigenen Seelenruhe dient.

Verwirrung um Kopf, Herz und Bauch

Von der Liebe existieren viele Vorstellungen, die einem die Erkenntnis, worum es wirklich geht, leicht verstellen können. Die einen verwechseln sexuelles Verlangen mit Liebe, für die anderen stellen der Traumpartner/die Traumpartnerin und zwei reizende Kinder lediglich ein zusätzliches Statussymbol neben der Rolex, dem Penthouse und dem Porsche Cayenne dar. Unzähligen fällt es schwer, zwischen Lieben und Brauchen zu unterscheiden. Sie klammern sich wie Ertrinkende an die Person, von der sie sich Erlösung durch das Geliebtwerden erhoffen. Dabei haben wir gesehen, dass der erste Schritt auf dem Weg, aller Welt Freund zu sein, darin besteht, sich selbst zu lieben. Wer das nicht schafft, kann meist auch anderen nichts geben.

Gerade bei der romantischen Liebe gehen etliche Menschen davon aus, ihre »bessere Hälfte« müsse sie glücklich machen und im Gegenzug würden sie dasselbe für sie erledigen. Ein Tauschgeschäft, das nicht funktionieren kann.

Wer emotional aufgeklärt ist, also das ABC der Gefühle kennt und anwendet, ist klar im Vorteil. Da man selbst mit seinen Überzeugungen seine Gefühle kreiert, kann einen niemand auf der ganzen Welt glücklich machen, wenn man es nicht zulässt.

Sollten Sie noch Zweifel an dieser Aussage hegen, überlegen Sie doch einmal, wie oft Sie schon ein Geschenk erhalten haben, das mit größter Sorgfalt und Zuneigung ausgewählt wurde, Ihnen aber überhaupt nicht gefallen hat. Entweder mochten Sie den Schenkenden nicht und deshalb konnte auch das Geschenk Sie nicht entzücken oder es traf einfach nicht Ihren Geschmack oder Ihre gegenwärtigen Vorlieben. Andererseits gehört vielleicht ein Gegenstand, den andere uninteressant finden, zu Ihren am meisten geschätzten Besitztümern, weil Sie ihn mit einem geliebten Menschen oder einem Sie berührenden Ereignis verknüpfen. Es sind eben nicht die Menschen, die Dinge oder die Ereignisse als solche, die uns erfreuen, sondern die Bedeutung, die wir ihnen geben.

Heißt das, dass man andere in keinem Fall glücklich oder unglücklich machen kann? Das hängt von der Bewusstheit der anderen Person ab. Wer (noch) nicht weiß, wie die Gefühle entstehen, ist den als Kind erfolgten Programmierungen und gelernten Überzeugungen zunächst einmal ausgeliefert. So ein Mensch ist wie eine Maschine, die auf Autopilot fährt, der von jemand anderem eingestellt wurde. Wohin das führen kann, wissen wir aus den Meldungen, in denen Menschen ihrem Navigationsgerät blind folgten und mit ihren Autos in Sümpfen, Geröllfeldern oder gar einem reißenden Fluss landeten.

Wer sich also Äußerungen anderer Personen ungeprüft zu eigen macht, reagiert unmittelbar auf herabsetzende oder aufbauende Botschaften. Solche Menschen, die keinen inneren Schutzfilter aufgebaut haben, kann man in der Tat erfolgreich glücklich oder unglücklich machen. Das funktioniert aber nur so lange, bis die andere Person sich ihrer Autonomie bewusst wird und lernt, selbstständig zu denken. In Zukunft scheitert dann jeder Manipulationsversuch an ihrer Fähigkeit, Aussagen von anderen kritisch zu prüfen, bevor sie diese glaubt. Der bewusste Mensch lässt sich nicht mehr von seiner Umgebung bestimmen, sondern fragt sich jeweils: Stimmt denn das, was mir hier erzählt wird? Wo ist der Beweis? Hilft es mir, das zu glauben?

So jemand lässt sich weder von demütigenden Aussagen deprimieren noch von Schmeicheleien täuschen. Er kann Liebe von Berechnung unterscheiden und erkennt in herabsetzenden Aussagen vor allem das Leid des Sprechenden; denn ein glücklicher Mensch sagt so etwas nicht.

Einen Menschen zu lieben bedeutet, dieser Person Gutes zu wünschen und ihr Wesen wertzuschätzen. Liebe ist aber nicht nur ein Gefühl, sondern sie zeigt sich im Tun. Deshalb wird man einen geliebten Menschen praktisch dabei unterstützen, ganz zu sich selbst zu kommen, sogar dann, wenn es dazu führen könnte, dass er sich von einem entfernt.

So gesehen kann Lieben auch Loslassen bedeuten. Niemand weiß das besser als liebende Eltern, die ihre Kinder befähigen, eigene Wege zu gehen.

Es ist ein großes Glück, eine Person zu kennen, die einen vorbehaltlos fördert. Und es ist wunderbar, dies für andere tun zu können. Trotzdem heilt Liebe nicht alles, weil es darauf ankommt, wie man auf sie reagiert. Wenn man selbst nicht zu sich steht, wird das immer zu Problemen führen, unabhängig davon, wer zu einem hält.

Liebe hat nichts Exklusives. Sie wird stärker, je mehr wir sie verschenken. Wem nur seine Familie wichtig ist und alle anderen mehr als egal, praktiziert eine Art von Clandenken, das mit Liebe nichts zu tun hat.

Eine gewisse Verwirrung besteht auch, was den Ausdruck von Gefühlen angeht. Im Allgemeinen wird propagiert, man müsse seinen Ärger herauslassen, damit er abnehmen kann. Tatsächlich glauben einige dasselbe bei der Liebe. Sie meinen, nur eine gewisse Menge davon zu besitzen, mit der sie haushalten müssen. Das Gegenteil ist der Fall, sowohl bei der Liebe als auch beim Ärger und den anderen Gefühlen. Je stärker man sich mit ihnen beschäftigt, desto mehr nehmen sie zu. Ihr Ausdruck verleiht ihnen noch mehr Kraft. Bei der Liebe ist dies wünschenswert, bei den potenziell schädlichen Emotionen nicht.

Liebe beginnt im Kopf, wärmt das Herz, macht es weit und offen und tut auch dem Bauch gut. Sie kennen das, wenn kleinere Kinder, die noch nicht so gut sagen können, was ihnen fehlt, mitteilen, sie hätten Bauchweh. Nimmt man sie in den Arm, geht es ihnen gleich besser.

Je bewusster und damit entwickelter ein Mensch ist, desto weniger sind Kopf, Herz und Bauch im Widerstreit. Sie kooperieren, statt in Konkurrenz zueinander zu stehen. Was wäre eine Liebe wert, bei der wir den Kopf ausschalten müssten, oder eine, bei der wir Bauchschmerzen oder Herzweh bekämen?

Liebe ist wahrscheinlich das tiefste Gefühl, dessen wir Menschen fähig sind. Sie zeigt sich in kleinen und großen Gesten der Freundlichkeit. Harmlosigkeit (in ihrer ursprünglichen Wortbedeutung »keinen Schaden zufügen«), Wohlwollen, Zuneigung, Sympathie, Solidarität: Es gibt viele Ausprägungen von Liebe. Aber egal wie wir sie benennen, entscheidend bleibt, dass wir nicht nur reden, sondern handeln.

Wie wäre es mit einem kleinen Experiment? Zugegeben, es ist nicht leicht, weil es von Ihnen verlangt, ein womöglich schon lange bestehendes (Vor-)Urteil aufzulockern. Probieren Sie es: Wählen Sie einen Menschen, den Sie kennen und nicht mögen. Was macht dieses Nichtmögen aus? Wie denken Sie über die Person, damit Sie zu dem Ergebnis gelangen: »Ich mag sie oder ihn nicht« oder sogar »Er/sie ist ein unangenehmer Mensch«?

Könnten Sie auch ganz anders denken? Gibt es etwas, das für diese Person spricht? Könnte es verborgene Eigenschaften in diesem Menschen geben, die Ihre bisherige Einschätzung komplett über den Haufen werfen würden? Was hat diese Person vielleicht schon getan, was Ihre Hochachtung nach sich ziehen würde? Warum ist dieser Mensch so geworden, wie er jetzt auf Sie wirkt? Haben Sie mit der Person eventuell sogar etwas gemeinsam?

Falls das Experiment gelingt und sie es öfter wiederholen, werden Sie feststellen, dass sich Ihr Verhältnis zu diesem Menschen entspannt, zumindest in Ihren Gedanken.

Mögen alle Wesen glücklich sein

Wie kompliziert die Liebe ist, sieht man an der Familiengeschichte Buddhas. Er war nicht bereit, der Nachfolger seines Vaters zu werden und das Land zu regieren. Außerdem war er unglücklich. Das betraf auch seine Frau und seinen Sohn. In einer Nacht stahl er sich davon. Nur ein Diener begleitete ihn ein Stück des Wegs.

Buddha war überzeugt, dass es möglich sein müsste, sich von dem offenkundigen oder latenten Leiden, das sich durch das Leben fast aller Menschen zieht, zu befreien. Bei seinen Ausfahrten hatte er nicht nur Krankheit, Alter und Tod gesehen. Gelegentlich begegneten ihm Menschen, die ganz anders waren, die ein Glück ausstrahlten, das den meisten, so auch ihm, fremd war.

Tatsächlich gelang es ihm, binnen sechs Jahren sein Ziel zu erreichen. Aber was war mit seiner Familie? Sein Vater war unglücklich über seinen missratenen Sohn. Seine Frau fühlte sich mit dem Kind im Stich gelassen. Kaum jemand hatte Verständnis für sein Handeln.

Dabei blieb es im Wesentlichen auch. Zwar behaupten einige Autoren, dass sich später alle miteinander ausgesöhnt hätten, was für Buddha sicherlich zutrifft, aber das Glück blieb einseitig.

Bei den seltenen Besuchen in seiner Heimatstadt schämte sich der König, dass sein Sohn als Bettelmönch durch den Ort ging. Seine Frau machte ihm Vorwürfe. Sie forderte ihren gemeinsamen Sohn auf, von seinem Vater sein Erbteil zu fordern in der Hoffnung, Buddha damit bloßzustellen. Dieser reagierte überraschend: Er nahm seinen Sohn zu sich. Es

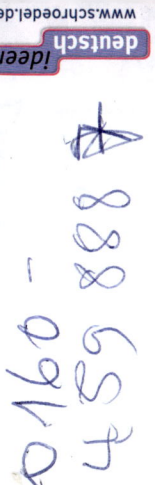

ge Familienmitglieder, die sich anhörten,

e« nach seiner tief greifenden Verände-

e. Der eine oder andere schloss sich ihm

ogar an.

Familiengeschichte, könnte man sagen.

wie gewohnt: das schwarze Schaf, die

die genervte Ehefrau und der Rest ir-

en einige, Buddha habe verantwor-

ls er seine Familie verließ. Aber stimmt

einem Bleiben gedient gewesen? Das

n, wer etwas für kaputte Familien mit

einer intakten Fassade übrig hat.

Buddha wäre vermutlich ein depressiver König geworden, der sein Unglück an anderen ausgelassen hätte. Seine Wut hätte er vielleicht in Überfällen auf benachbarte Staaten entladen, seine Ängste hätten sich zu Misstrauen und Verfolgungswahn steigern können. Damit wäre er ein recht normaler König geworden, eine Fußnote in der Geschichte, ein weiteres Glied in der Kette menschlichen Leidens.

Betrachten wir die Ausgangslage Buddhas einmal aus seiner Sicht. Sein Vater wollte ihn für seine Zwecke einspannen. Klar, ein König macht Pläne und erwartet, dass sich ihm jeder unterordnet. Buddha machte ihm einen Strich durch die Rechnung. Er war nicht dafür verantwortlich, wie sein Vater darauf reagierte.

Die Verbindung zu seiner Frau beruhte auf einer Zwangsehe, wie sie in Indien üblich war. Sie wurde geschlossen, als der Prinz Siddhartha noch minderjährig war. Er hatte also jedes Recht, diese Beziehung aufzulösen. Auch für die Gefühle seiner Frau war er nicht verantwortlich.

Sein Kind war, wie einige vermuten, ein Zugeständnis an seinen Vater, der die Dynastie fortgesetzt sehen wollte. Sicherlich eine falsche Entscheidung Buddhas, aber verzeihlich, wenn man den Druck der Familie berücksichtigt. Er war bei seiner Rückkehr bereit, seinen Sohn bei sich aufzunehmen.

Die Entscheidung Buddhas, sich erst von seiner Familie und danach von seinem Unglück zu befreien, war mutig. Nicht viele hätten es gewagt, der Autorität des königlichen Vaters zu widersprechen. Sie hätten ein Leben im goldenen Käfig der Freiheit und dem Glück vorgezogen.

Die Weisheit, dass der Prophet nichts im eigenen Lande gilt, bewahrheitet sich auch hier. Die wenigsten, die Buddha von früher kannten, hatten offene Ohren für seine Botschaft.

Sein Lebensweg unterstreicht, dass man niemanden zu seinem Glück zwingen kann. Der Großteil seiner Familie zog es vor, unglücklich zu bleiben, und haderte mit seinen Entscheidungen.

Es ist wichtig, die historische Wahrheit zuzulassen. Die Rückkehr Buddhas endete nicht mit dem märchenhaften Schluss: »... und sie lebten glücklich und zufrieden bis ans Ende ihrer Tage.« Buddha schon, aber der Bruch mit seiner Familie war nicht zu kitten. Doch lehrte er nicht auch, dass alles unvollkommen bleibt?

Jeder muss sich selbst vom Leiden befreien. Nicht einmal ein Menschenfreund wie er konnte seiner Familie die Eigenverantwortung für ihr Glück abnehmen. Er hatte versucht, was möglich war. Mehr ging nicht.

Dafür war seine Wirkung auf die Menschheitsfamilie phäno-
menal. Bis heute gibt er jedem die Hoffnung, das mensch-
liche Leiden, das als normal gilt, aufzulösen und stattdessen Glück, Gelassenheit und Liebe zum Regelzustand zu
machen. Es ist nicht leicht, aber möglich, lautet seine Botschaft.

Buddha war in mehrfacher Hinsicht ein Trotzkopf. Er
ließ sich nicht davon überzeugen, dass Leben gleich Leiden
ist, sondern bewies das Gegenteil. Er widersetzte sich seinem Vater und seiner Familie. Auch die gesellschaftlichen
Diskriminierungen akzeptierte er nicht. Buddha nahm sogenannte Unberührbare in seine Gemeinschaft auf. Das ist für
die meisten in Indien bis heute unvorstellbar.

Er bejahte uneingeschränkt die Frage, dass Frauen, wie
alle anderen auch, das von ihm gewählte Ziel erreichen
können. Auch damit war er seiner Zeit weit voraus. Während Gelehrte in Europa noch vor wenigen Jahrzehnten behaupteten, dass Frauen aufgrund ihres etwas kleineren Ge-
hirns den Männern unterlegen seien, stellte Buddha sie
gleich.

Er besuchte Schwerkranke mit ansteckenden Krankheiten, nahm Mörder, die ihre Taten bereuten, auf und sprach
vor Königen und Bettelarmen gleichermaßen. Liebe, Mit-
leid, Mitfreude und Gleichmut waren seine Grundwerte.
Sein Credo lautete: Mögen alle Wesen glücklich sein.

Aller Welt Freund sein

Groll und Hass schaden vor allem denjenigen, die diese Gefühle empfinden. Schon deshalb ist es vernünftig, anderen freundlich gegenüberzutreten. Niemand braucht sich jedoch zu überfordern. Für ein gedeihliches Zusammenleben mit anderen reicht friedliche Koexistenz aus.

Und: Nur wer sich selbst ein Freund ist, kann auch andere lieben.

7

RUNDUM GLÜCKLICH WERDEN

Die Wahrheit erkennen

Viele Wege führen nach Rom, heißt es. Führen auch viele Wege zum Glück? Buddha war der Meinung, es gebe einen einzigen Weg.

Er hatte erkannt, dass die von den meisten Menschen angewandten Strategien früher oder später an der Vergänglichkeit oder Unvollkommenheit aller Dinge scheitern. Reichtum ist nicht beständig, Beziehungen sind es nicht. Familien neigen dazu, sich zu zerstreiten. Freundschaften zerbrechen häufig. Das Glück im Beruf zu finden oder ein Werk zu schaffen, ist möglich. Verbindet man jedoch sein Glück damit, besteht das Risiko, dass es mit der Berufstätigkeit endet oder zusammen mit dem Werk untergeht.

Dies alles ist kein Grund, sich von vornherein aus der Welt zurückzuziehen. Man sollte sich nur über die Natur der Dinge im Klaren sein. Beständigkeit in einer unbeständigen Welt zu erwarten, ist eine Illusion, die allzu oft in Enttäuschungen mündet.

Was also sah Buddha als den einzigen Weg zum Glück an? Seine Antwort fasste er in einem Wort zusammen: *satipatthana*. Das bedeutet »Achtsamkeit«. Manche übersetzen den Begriff etwas ausführlicher mit »Gegenwärtighalten der Achtsamkeit« oder »Grundlagen der Achtsamkeit«. Was ist damit gemeint?

In seiner einfachsten Form bedeutet es, sich, seine Mitmenschen und seine Umwelt aufmerksam zu beobachten. Dann wird man schnell erkennen, wie verbreitet das Leiden ist, wie es entsteht, aber auch, dass man es überwinden kann und wie das im Einzelnen möglich ist.

Man begreift dann auch, dass Glück kein Zustand ist. Man kann es nicht ein für alle Mal erlangen, sondern es verändert sich von Augenblick zu Augenblick. Mal ist man mehr, mal weniger glücklich. So wie man nicht für alle Zeiten satt sein kann, ist es ausgeschlossen, für immer glücklich zu sein. Aber wie den Hunger so kann man auch das Unglücklichsein stillen.

Im ersten Moment ist die Wahrheit unangenehm; denn sie besagt, dass das Leiden, der Stress, der Kummer, der Schmerz und die Verzweiflung ein Teil des menschlichen Lebens ist, und nicht nur des menschlichen. Es durchzieht die Existenz aller fühlenden Wesen.

Aber das Leiden ist nur ein Teil der Wahrheit. In dieser Welt sind auch das Glücklichsein, die Zufriedenheit, die Liebe und die Gelassenheit zu Hause. Im Kern geht es also darum, das Leiden zu akzeptieren, es zu mindern oder zu beseitigen (jedenfalls zeitweise) und auf der anderen Seite das Glück, die Gelassenheit und die Liebe entstehen zu lassen, zu fördern und zu stärken. Keine leichte Aufgabe, aber wo steht geschrieben, dass es einfach sein müsste?

Es macht jedenfalls keinen Sinn, das Leiden zu leugnen. Manche versuchen das, indem sie über sich oder andere Geschichten erzählen, die allein von Erfolg, Reichtum und

Glück handeln. Dabei darf man nicht übersehen, dass dies in der Regel Momentaufnahmen sind.

Da ist zum Beispiel der 25-jährige Start-up-Unternehmer, dem alles zu gelingen scheint. Na bitte, es geht doch, sagen die Medien, als sei dies der Beweis, dass die weniger Erfolgreichen ihr Geschäft nicht verstünden. Fünf Jahre später allerdings ist ihr Held pleite und wegen Konkursverschleppung auf der Flucht vor der Polizei. Die Erfolgsstory war von kurzer Dauer.

Nicht selten liest man, dass jemand seinen Traum verwirklichen konnte, in einer Prachtvilla lebt, umgeben von Kunstwerken und schönen Menschen, und doch im Inneren verzweifelt ist. Der Versuch, alle Probleme hinter sich zu lassen, ist gescheitert. Keiner kann vor seinen Ängsten, seinen Enttäuschungen und seinem Ärger davonlaufen.

Wenn jemand dies durchschaut, entsteht ein kritischer Moment: Die Strategie, durch die Entfaltung von Wohlstand oder gar Luxus dem inneren Elend zu entgehen, ist nicht aufgegangen. Entweder diese Person resigniert nun, weil sie keinen anderen Weg sieht, Zufriedenheit zu erlangen, oder sie begibt sich jetzt auf die Suche nach dem wirklichen anhaltenden Glück.

Buddha hatte bereits während seiner Kindheit und Jugend im Königspalast erfahren, dass die Glitzerwelt keinen Schutz gegen das Leiden bietet. Deshalb war er immun gegen die Vorstellung, man müsse nur reich, schön und mächtig genug sein, um den inneren Qualen zu entgehen. Ihm war klar geworden, dass das Glücklichsein woanders liegen musste. Ein großer Palast, Macht, Geld und Gold konnten es nicht garantieren.

Der innere Weg hat einen unschätzbaren Vorteil: Er ist nicht abhängig von äußeren Umständen wie Erfolg, Anerkennung oder materiellem Wohlstand. Niemand kann einen Menschen daran hindern, ihn zu gehen.

Sich befreien

Befreiung vom Leiden setzt die richtige Einstellung voraus. Nach Ansicht Buddhas geht es darum, Gier, Hass und Wahn zu überwinden. Das ist für die Menschen vor allem hier im Westen nicht leicht; denn oft wird genau das Gegenteil gepredigt.

Immer mehr, immer schneller, immer höher, immer weiter: Das ist die Spirale, an der kräftig gedreht wird. Wachstum gilt automatisch als erstrebenswert. Die Wirtschaft soll wachsen. Die Umsätze sollen steigen, natürlich auch die Profite. Der deutsche Aktienindex DAX bewegte sich in den 1980er- und 1990er-Jahren zwischen 1000 und 2000 Punkten, um dann in immer wilderen Bewegungen 2015 auf fast 12 000 Punkte zu klettern. Die Gewinne explodieren.

Gier gilt nicht mehr unbedingt als schlecht. Im Sport wird sie gesellschaftsfähig gemacht. Fußballtrainer verlangen von ihren Mannschaften, gierig zu sein und zu bleiben. Zufriedenheit verhindere angeblich sportliche Erfolge. Auffällig ist, dass nicht mehr wie früher von Ehrgeiz, Ambitionen oder Motivation gesprochen wird, sondern explizit von Gier oder Hunger.

Gleichzeitig steht der gesamte Sport unter Dopingverdacht. Ein unterschätztes Thema ist außerdem der Schmerzmittelmissbrauch. SportlerInnen lassen sich auch dann noch fit spritzen, wenn ihr Körper längst signalisiert, dass er dringend eine Ruhepause braucht. Daher überrascht es nicht, dass immer mehr Trainer und Sportler unter Burnout und Depressionen leiden. Die Gier verlangt einen hohen Preis.

Bedauerlicherweise wird auch Hass häufig propagiert. Andere Menschen, Kulturen, Nationen und Religionen herabzusetzen, ist das Ziel von denen, die hassen. Hass verbindet sich typischerweise mit Wahn; denn die negativen Behauptungen, die über Andersdenkende, Andersgläubige und Anderslebende aufgestellt werden, entsprechen meist nicht den Tatsachen. In anderen Fällen wird berechtigte Kritik verallgemeinert und übertrieben.

Das Ausmaß, in dem Kinder schlecht behandelt werden, ist erschütternd. In den USA gibt es eine umfassende Studie, nach der fast zwei Drittel der Befragten in ihrer Kindheit in irgendeiner Form Misshandlungen ausgesetzt waren, sei es durch verbale Herabsetzungen, Gewalt oder sexuellen Missbrauch. Für die meisten anderen Länder dürfte sich ein ähnliches Bild ergeben.

Dass die Betroffenen dabei Hass auf ihre Peiniger entwickeln, ist leicht zu verstehen. Wenn sie aber ihren Hass später auf andere Personen übertragen und an Unschuldigen Rache nehmen wollen, hilft das niemandem. Es macht das entstandene Leiden nicht ungeschehen, sondern erzeugt nur ständig neue Probleme. Diese Kette des feindseligen Verhaltens gilt es zu beenden: in den Familien, innerhalb von Staaten und zwischen den Nationen. Sonst vergiften Krieg und Hass die Beziehungen.

Wahn wird meist unbewusst propagiert. Das vielleicht bekannteste Beispiel der Menschheitsgeschichte war der Aberglaube, dass die Sonne sich um die Erde dreht. Als die Ersten erkannten, dass diese Annahme falsch ist und es sich genau andersherum verhält, erschütterte dies das bis dahin bestehende Weltbild. Seine Verteidiger glaubten fest an eine

Illusion und bekämpften jeden, der sich für die Wahrheit einsetzte. Leider kommt es häufiger vor, dass die Verrückten die Vernünftigen für irre halten. Besonders gefährlich wird dies, wenn eine Mehrheit irrt. Aber das kommt gar nicht so selten vor.

Jeder Mensch möchte glücklich sein und doch leben wir mit falschen Vorbildern und wählen die falschen Mittel. Wie kann man sich davon befreien?

1. Indem man sich Gier, Hass und Wahn so weit wie möglich bewusst macht. Sind es eigene gierige, hasserfüllte und den Tatsachen widersprechende Gedanken? Oder hat man sich etwas einreden lassen? Wichtig ist, solche Gedanken infrage zu stellen: Stimmen sie mit der Realität überein? Und helfen sie einem, sich gut zu fühlen? Wenn nicht, besteht die Möglichkeit, sich auf entspanntere, freundlichere und den Tatsachen besser entsprechende Gedanken zu besinnen.

2. Indem man zu unterscheiden lernt. Gier, Hass und Wahn führen zu Leiden. Man kann sich unmöglich wohlfühlen, wenn man etwas unbedingt haben muss. Ebensowenig, wenn man feindselig denkt und handelt oder auf Rache sinnt. Illusionen führen früher oder später zu Ent-täuschungen. Umgekehrt geht es einem gut, wenn man nicht ständig irgendwelche Menschen oder Dinge begehrt, sondern sich entspannt und gelassen bleibt. Feindschaften zu beenden, löst innere Anspannungen.

Angst beruht sehr häufig auf negativen Voraussagen über die Zukunft. Nur selten liegt man damit richtig. Gelingt es einem, solche oder ähnliche Fehlvorstellungen loszulassen, fühlt man sich sofort besser. Es tut gut, sich an die reinen Tatsachen zu halten. Dagegen ist jede Form von Wahn auf irgendeine Weise schmerzhaft.

An seinen Gefühlen kann man daher sehr gut erkennen, ob man dabei ist, sich in weiteres Leiden zu verstricken oder sich davon zu befreien.

Freundlich kommunizieren

Buddha war niemand, der in den Wolken schwebte. Vielmehr waren seine Empfehlungen stets sehr praktischer Art. So hat er sich auch darüber geäußert, wie man reden, handeln und Geld verdienen sollte, damit man glücklich und zufrieden mit seiner Umwelt lebt. Beginnen wir mit seinen Überlegungen zu Beziehungen.

Interessant ist, dass Buddha keine Gebote oder Verbote aufgestellt hat. Er hat die Auswirkungen beschrieben, die es hat, wenn man sich so oder anders verhält. Es bleibt jedem selbst überlassen, ob er sich danach richten will oder nicht.

Buddha wies darauf hin, dass es sich negativ auf Beziehungen auswirkt, wenn Menschen sich anlügen, üble Gerüchte übereinander verbreiten, verletzende Äußerungen machen oder einfach dummes Zeug reden.

Positiv ausgedrückt bedeutet dies, dass es darauf ankommt, immer bei der Wahrheit zu bleiben und so zu sprechen, dass andere sich in der Gegenwart von einem wohlfühlen. Das ist viel verlangt, wenn man bedenkt, wie schnell man seine Mitmenschen kritisiert oder laut wird und versucht, sie einzuschüchtern. Wer hat noch nie gelogen, Gerüchte weitergetragen oder andere mit seinen Worten traurig gemacht, beunruhigt oder verärgert?

An dieser Stelle möchte ich auf einen gewissen Widerspruch aufmerksam machen, der sich aber leicht aufklären lässt. Genau genommen ist es nämlich ausgeschlossen, eine andere Person mit seinen Worten zu verletzen. Nehmen wir an, jemand bezeichnet Sie als »Mondgesicht«. Wenn Sie ein gesundes Selbstwertgefühl haben, macht Ihnen diese Äußerung nichts aus. Sie wissen es besser und finden, dass Ihr Aussehen vollkommen in Ordnung ist. Anders dagegen, wenn kritische oder beleidigende Äußerungen über Ihr Gesicht oder Ihre Figur einen wunden Punkt bei Ihnen treffen. Dann werden herabsetzende Bemerkungen eine negative Wirkung bei Ihnen erzielen.

Trotzdem setzt die Beleidigung durch einen anderen Ihre Zustimmung voraus. Wenn Sie nur im Geringsten selbst der Meinung sind, ein »Mondgesicht« zu haben, und sich deswegen ablehnen, wird durch die Beleidigung Ihre Selbstherabsetzung aktiviert. Sind Sie mit sich im Reinen, ist es unmöglich, dass Beleidigungen Ihnen zu schaffen machen.

Unabhängig davon finden Sie vielleicht, dass niemand Sie beleidigen darf. Erinnern Sie sich, wie Buddha auf Schmähungen reagierte? Er sagte, dass er sie nicht annehme und dass sie auf den Schmähenden zurückfallen. Ein entspannter Umgang auch mit beabsichtigten Kränkungen ist möglich.

Bedeutet das, dem Beleidiger einen Freibrief auszustellen? Nicht unbedingt, man kann (rechtlich) gegen ihn vorgehen, wenn dies sinnvoll ist. Entscheidend ist jedoch, dass man sich emotional nicht aus dem Gleichgewicht bringen lässt.

Worte können einen anderen also nur verletzen, wenn derjenige wunde Punkte hat und sich innerlich nicht zu schützen weiß. Das ist leider bei der großen Mehrzahl der Menschen heute noch der Fall. Deshalb muss man damit rechnen, dass bestimmte Äußerungen andere sehr wohl kränken können.

Auch wenn man sich über jemanden ärgert, sollte man Beleidigungen unterlassen. Sie helfen niemandem weiter, auch dem Beleidiger nicht. Es gibt wirksamere Wege, mit seinem Ärger umzugehen.

Höflichkeit ist das Mindeste, was man seinen Mitmenschen entgegenbringen sollte. Noch besser ist, ihnen freundlich zu begegnen. Das fällt möglicherweise leichter, wenn man sich bewusst macht, wie viel man mit allen anderen gemeinsam hat. Jeder möchte glücklich und gesund sein. Jeder hat Probleme, die grundsätzlich unser Mitgefühl verdienen.

Toleranz, Gelassenheit, Großzügigkeit und Wohlwollen sind erlernbare Tugenden, die das Zusammenleben angenehmer machen.

Liebevoll handeln

Mit seinem Handeln fördert man sein Glück oder beeinträchtigt es. Das einzusehen, ist nicht immer leicht. Viele meinen, das Glück sei eine Gnade, genauso wie das Unglück Schicksal sei. Auf manche Fälle mag dies zutreffen. Wenn man jedoch genauer hinschaut, entdeckt man oft zumindest eine Mitverantwortung für das, was einem im Leben passiert.

Die Frage, ob man seines Glückes Schmied sei, ist höchst umstritten. Buddha hätte sie bejaht. Er war der Meinung, dass jeder die Folgen seines Handelns zu spüren bekomme. Gutes Verhalten führe zu guten Konsequenzen, schlechtes zu schlechten.

Einige Ursachenketten lassen sich unmittelbar erkennen. Wer sich aggressiv gegen andere verhält, muss damit rechnen, selbst angegriffen zu werden. War jemand sein Leben lang ein fürsorglicher Arzt, der sich um jeden gekümmert, Schmerzen gelindert, Leben gerettet und wenn nötig, Arme sogar kostenlos behandelt hat, kann es passieren, dass Hunderte aus Dankbarkeit zu seinem Begräbnis kommen.

Schwieriger wird es, wenn Ereignisse aus heiterem Himmel über Menschen hereinzubrechen scheinen. Buddhisten würden auch in solchen Fällen von Karma sprechen. Ursachen, die irgendwann gesetzt wurden, können sich auch noch in späteren Existenzen auswirken. Aber nehmen wir einmal an, eine Person trage tatsächlich nicht die geringste Verantwortung für ein ungünstiges Geschehen: So bleibt ihr immer noch die Wahl, wie sie darauf reagieren will, mit Ärger, Ängsten und Hilflosigkeit oder mit Gelassenheit, Optimismus und Widerstandskraft.

Wie viele andere Menschheitslehrer hat Buddha gesagt, dass man es unterlassen solle, zu töten, zu stehlen oder ehebrechen. Für ihn war dies jedoch keine Frage der Moral oder der Sündhaftigkeit, die irgendwann in der Hölle bezahlt werden müsse. Vielmehr wies er auf die direkten Folgen in diesem Leben hin. Mord und Totschlag lösen Verfolgung, Rache, Hinrichtung oder lebenslangen Freiheitsentzug aus. Diebe müssen gleichfalls mit Strafe rechnen.

Ehebruch ist damit nicht zu vergleichen. Wohl aber, was das Leiden angeht. Scheidung, Verlust des Vertrauens, Zerbrechen der Familie, Trennung von den Kindern, lang anhaltende Streitigkeiten, Schuldgefühle: Das sind nur einige der möglichen Auswirkungen von Seitensprüngen.

Alle Verhaltensweisen, die bei einem selbst oder anderen früher oder später Leid verursachen, sollten besser unterbleiben.

Leid verursachende Handlungen zu unterlassen, ist aber nur die eine Seite. Liebevolles Verhalten zeigt sich noch stärker, indem man das Leben, die Gesundheit, das Wohlbefinden und das Glück anderer Menschen fördert. Die Möglichkeiten hierzu sind endlos.

Man kann anderen Zeit, Geld oder Mitgefühl schenken. Die kleinen Freundlichkeiten wiegen dabei so viel wie die großen. Seinen Mitmenschen mit Rat und Tat zu helfen, macht das Zusammenleben angenehm. Jeder kann in Not geraten und braucht dann die Solidarität der Gruppe. Wir leben in einer Welt, in der letztlich alles miteinander verbunden ist. Entgegen anderslautenden Meinungen sind Menschen soziale Wesen, die Anteil nehmen am Schicksal ihrer Umwelt. Dies beweisen die zahlreichen Hilfsorganisationen. Sie helfen politisch Verfolgten, Flüchtlingen, Hungernden,

Armen und Kranken. Es lässt die meisten nicht gleichgültig, wenn sie von Krieg und Elend in der Welt hören. Millionen haben es sich zum Ziel gesetzt, auch Tiere und Pflanzen zu schützen.

Die soziale Seite des Menschen und seine innige Verbundenheit mit allen Formen der Existenz haben zur Folge, dass sich nicht nur die Unterstützten wohlfühlen, sondern auch die HelferInnen. Wer anderen beisteht, ist nachweislich glücklicher.

Die vielfältigen Zeichen liebevollen Handelns geben außerdem Anlass zur Hoffnung, dass es eines Tages gelingen könnte, friedlich und zufrieden auf diesem Planeten zusammenzuleben. Jeder Beitrag dazu zählt.

Richtig Geld verdienen

Es ist nichts falsch daran, einen Beruf zu haben und Geld zu verdienen, unter Umständen auch viel Geld, wenn man dadurch sich selbst und anderen nicht schadet. »Richtig« Geld verdienen bedeutet zweierlei: Es kann heißen, eine Menge Geld zu machen. Aber es meint auch, dies auf eine gute Art und Weise zu tun.

Leider spielt bei der Berufswahl bei vielen vor allem der finanzielle Aspekt die Hauptrolle. Kann man damit Geld verdienen und wie viel? Solche vom Sinn der Tätigkeit und von ihren Auswirkungen auf die Umwelt gelösten Erwägungen lehnte Buddha ab.

Als designierter Nachfolger eines Königs, seines Vaters, wusste er, wie man große Macht und immensen Reichtum sichern muss: mit Gewalt. Buddha stammte aus der Kriegerkaste. Er war in verschiedenen Kampftechniken ausgebildet, wie zum Beispiel dem Bogenschießen. Aber das war nicht seine Welt. Er wusste, dass Kampf und Krieg allen Menschen schaden. Und er hatte gesehen, dass noch so viel Geld einen nicht vor Krankheit, Alter und Tod bewahren können. Glück kann man nicht kaufen. Sonst hätte der Adel am Königshof ausnahmslos glücklich und zufrieden sein müssen. Aber dies war nicht der Fall. Siddhartha selbst war unglücklich. Deshalb suchte er einen Ausweg.

»Erst wenn der letzte Baum gefällt, der letzte Fluss vergiftet, der letzte Fisch gefangen ist, werdet ihr merken, dass man Geld nicht essen kann.« Diese als Weissagung der Cree, eines nordamerikanischen Indianerstammes, bekannt gewordene Aussage hätte Buddha geteilt.

Die westliche Art, zu wirtschaften, ist lebensbedrohlich. Die Regenwälder werden abgeholzt, schädliche Chemikalien rücksichtslos in Flüsse und Meere eingeleitet, Atomkraftwerke betrieben, deren »Restrisiko« sich öfter verwirklicht, als einem lieb sein kann, Kohlendioxid in riesigen Mengen in die Atmosphäre abgegeben und vieles mehr. Sie kennen die Probleme.

Gleichzeitig verdient eine kleine, aber mächtige Minderheit mit der Waffenindustrie Milliarden. Panzer und Jagdbomber werden in Krisengebiete geliefert. Konflikte zwischen Staaten eskalieren auf diese Weise und bringen Millionen Menschen den Tod. Die Produktion von Landminen und radioaktiver Munition sind nur zwei Beispiele des Wahnsinns, des Hasses und der Gier, die sich hier zeigen.

Wann ist ein Unternehmen erfolgreich? Wenn es Leben, Gesundheit und Glück fördert, die Lebensgrundlagen bewahrt und den Beteiligten ein gutes Leben ermöglicht oder wenn es Tod, Unglück, Krieg und Stress, aber auch steigende Aktienkurse und Milliardenprofite bringt? Sie können sich vorstellen, wie Buddha diese Fragen beantwortet hätte.

Im Zentrum einer buddhistischen Wirtschaftslehre stünde die Überwindung des Leidens, nicht dessen Mehrung. Alle ökonomischen Tätigkeiten würden daraufhin überprüft, ob sie zum Glück der Beschäftigten, ihrer Kunden und aller sonstigen Betroffenen beitragen. Dadurch wären Sklavenarbeit, Löhne unter dem Existenzminimum, gesundheitsschädliche Arbeitsbedingungen, Umweltzerstörungen, die Herstellung von Atomwaffen und vieles mehr ausgeschlossen.

Es ginge nicht mehr nur um Geld und Profite, sondern auch um soziale, ökologische und friedenspolitische Aspekte des Wirtschaftens. Kooperation statt Konkurrenz hieße die Maxime. Es entstünden überall Win-win-Situationen statt der heute noch üblichen Art, dass Geschäfte auf Kosten anderer gemacht werden.

Der Ökonom E. F. Schumacher hat einen weiteren Grundsatz der buddhistischen Wirtschaftslehre im Titel seines Buchs zusammengefasst: *Small ist beautiful* (deutscher Titel: »Die Rückkehr zum menschlichen Maß«). Klein ist schön, das widerspricht der Gier, die ständig nach Mehr, nach Höherem, Weiterem, Schnellerem strebt. Schumacher weist darauf hin, dass kleine Staaten wie die Schweiz, die Niederlande oder Luxemburg wirtschaftlich oft erfolgreicher sind als große wie die USA oder Russland.

Wie soll ein Management ein Unternehmen mit Hunderttausenden von Beschäftigten verantwortungsbewusst führen? Zahlen und Statistiken werden in so einem Konzern eine größere Rolle spielen als in einer Firma, wo jeder jeden kennt. Zehntausende irgendwo auf der Welt zu entlassen, fällt leichter, als wenn man seinem Mitarbeiter die Kündigung persönlich überreichen muss.

Eine buddhistische Wirtschaftslehre hat vollkommen andere Werte als die herrschenden betriebs- und volkswirtschaftlichen Maximen. Es gibt heute schon eine Reihe von UnternehmerInnen, die nach ethischen Grundsätzen arbeiten. Sie zahlen gerechte Löhne, fördern ein gesundes Betriebsklima, produzieren und verkaufen nur umweltfreundliche Produkte. Sie plädieren sogar für höhere Steuern auf ihre Millionengewinne, weil sie sich der Gemeinschaft verbunden fühlen.

Auch als Einzelner kann man eine Menge tun, um sich der bestehenden Wirtschaftsideologie zu entziehen. Das beginnt mit der Berufswahl. Sucht man etwas aus, das nur viel Geld bringen soll, oder etwas, das einem Herzenswunsch entspricht? Es geht weiter mit Entscheidungen darüber, wie man seinen Beruf ausüben will. Steht Gewinnmaximierung im Vordergrund oder das Wohl der KundInnen, MandantInnen oder PatientInnen? Kauft man umweltschonende Maschinen oder solche, die möglichst billig sind? Bleibt man um des Geldes willen in einem Team, wo Mobbing an der Tagesordnung ist, oder sucht man sich einen Arbeitsplatz, an dem man stressfrei arbeiten kann, wenn auch für ein paar Euro weniger? Hält man einen Chef aus, der fast täglich brüllt, indem man still leidend Beruhigungstabletten und Medikamente gegen Bluthochdruck nimmt, oder sieht man sich nach einem Vorgesetzten um, der emotional intelligent ist?

Rundum glücklich werden kann man nur, wenn man auf die richtige Art und Weise seinen Lebensunterhalt verdient.

Den Geist trainieren

Damit es möglich wird,

- die Wahrheit zu erkennen,
- sich von Gier, Hass und Wahn zu befreien,
- freundlich zu kommunizieren,
- liebevoll zu handeln,
- mit seiner Arbeit Leben, Gesundheit und Glück zu fördern,

muss man seinen Geist trainieren. Die Dinge gehen vom Geist aus, sagte Buddha. Dort entstehen die Probleme und dort liegen auch die Lösungen.

Gier ist eine mentale Einstellung. Hass ist eine mentale Einstellung. Wahn ist eine mentale Einstellung. Wie man redet, handelt, arbeitet: Es beginnt im Kopf. Ohne eine leitende Idee, ohne Gedanken passiert gar nichts.

Zum Glück ist es möglich, den Geist zu trainieren. Man kann seine Einstellungen ändern. Das war lange Zeit umstritten. Viele halten es für ausgeschlossen, dass man sich verändert. Sie meinen, es gehe nicht, sein Denken, Fühlen, Reden und Handeln wirklich neu zu programmieren. »Was Hänschen nicht lernt, lernt Hans nimmermehr«, »Alte Hunde lernen keine neuen Tricks«: Solche und ähnliche Sprüche spiegeln diese Haltung wider.

Aber auch dies sind nur Gedanken und Überzeugungen, die man durch bessere, hilfreichere Konzepte ersetzen kann. Genies fallen nicht vom Himmel. Sie haben nur länger, intensiver und bewusster trainiert als die Mehrheit der Mitmenschen. Experten sagen, dass man 10 000 Stunden brauche, um Meisterschaft in einer Disziplin zu erlangen.

Nehmen wir mal an, Sie würden anfangen, etwas Neues zu lernen wie Saxofon spielen, Spanisch sprechen oder Ballett tanzen. Sie beschäftigen sich damit von morgens bis abends. Nur zum Schlafen ruhen Sie. Dann haben Sie die 10 000 Stunden binnen zwei Jahren erreicht.

Für die meisten ist das unrealistisch. Aber so ein »Wunderkind« wie Mozart, dessen Vater als Komponist und Kapellmeister arbeitete, war seit seiner Geburt von Musik umgeben. Noch bevor er mit vier Jahren von seinem Vater Musikunterricht bekam, lebte er in einem Haushalt, in dem Musik so selbstverständlich war wie das tägliche Brot. Deshalb hatte er die Stunden, die es für die Meisterschaft braucht, schon in jungen Jahren zusammen.

Es dauerte sechs Jahre, bis Siddhartha zu Buddha geworden war. (Buddha ist eigentlich ein Titel und bedeutet »Erwachter«.) Die 10 000 Stunden schließen natürlich Fehlversuche mit ein. Niemand beginnt, fehler- und akzentfrei Spanisch zu sprechen (außer den SpanierInnen und allen, die mit dieser Sprache aufwachsen). So brauchte Buddha einige Anläufe, bis er wusste, worauf es ankam. Dann trainierte er seinen Geist ganz systematisch. Er lernte neue Muster. Das tat er so lange, bis neue Gewohnheiten entstanden waren.

Umlernen vollzieht sich in vier Stufen:
- unbewusst falsch
- bewusst falsch
- bewusst richtig
- unbewusst richtig.

Am Anfang merkt man gar nicht, wie man sich selbst unglücklich macht. Man hat keine Ahnung davon, auf welche

Weise der eigene Geist funktioniert. Bis man eine neue Information bekommt, die einen aufhorchen lässt. Einem wird klar, was man falsch macht. Sobald man begriffen hat, dass man sich mit bestimmten Überzeugungen (»Das lerne ich niemals, ich bin zu blöd«) schadet, kann man sie nach und nach ersetzen (»Das kann ich noch nicht, aber ich bin im Begriff, es zu lernen. Was andere können, schaffe ich auch«).

Dabei steht einem die Macht der Gewohnheit im Weg. Sobald man unaufmerksam wird, denkt, fühlt, redet und handelt man wieder falsch. Erst nachdem man sehr lange geübt hat, sind neue Gewohnheiten entstanden und man macht es automatisch richtig.

Wer seinen Geist täglich eine Stunde trainiert, hat es nach etwa 27 Jahren zur Meisterschaft gebracht. Aber lassen Sie sich durch diese Zahlen nicht abschrecken. Jede einzelne Stunde bringt Sie weiter. Auch ohne Meisterschaft werden Sie enorme positive Veränderungen in Ihrem Leben feststellen. Denken Sie noch mal an das Lernen einer Sprache. »Guten Tag«, »Auf Wiedersehen« und »Danke« können Sie bereits nach einer Stunde auf Spanisch sagen. Mit jeder weiteren nimmt Ihr Wortschatz zu. Sie werden täglich besser. Aber es gibt auch mal Rückschläge und Zeiten, in denen Sie glauben, keine Fortschritte zu machen. Das gehört zum Lernen dazu. Bleiben Sie dran. Dann gelingt es.

Die wenigsten beherrschen eine Sprache meisterlich, nicht mal ihre Muttersprache. Das ist auch nicht nötig, um sich sehr gut verständigen zu können.

Lernen ist anstrengend und braucht Zeit. In unserer Gesellschaft aber soll alles Spaß machen und schnell gehen. Tut mir leid, Ihnen sagen zu müssen, dass man auf diese Weise in seiner Entwicklung nicht weiterkommt. Man benötigt

Entschlossenheit, Motivation, Ausdauer und vor allem Bewusstheit, um Fortschritte zu machen.

Die Gehirnforschung ermutigt alle, die handfeste Beweise verlangen, dazuzulernen. Das Gehirn ist formbar bis ins hohe Alter. Es gibt keine Ausreden mehr.

Niemand kann Sie allerdings zum Trainieren Ihres Geistes zwingen. Es ist Ihre freie Entscheidung. Wenn Sie dazu bereit sind, tun Sie das, was Buddha gemacht hat: Achten Sie darauf, was Sie denken und wie Sie aufgrund Ihrer Gedanken fühlen und handeln.

Überzeugungen, die Sie behindern und die Ihnen schaden, können Sie nach und nach aufgeben und durch nützlichere ersetzen.

Nehmen Sie wahr, worauf Sie Ihre Aufmerksamkeit lenken. Ein untrainierter Geist springt mal hierhin und mal dorthin. Sie können anfangen, ihn bewusst auf das Gute, Wahre, Schöne zu lenken. Ihre (Innen-)Welt wird sich dadurch spürbar ändern. Sie fühlen sich besser und handeln stärker so, wie es Ihren Zielen entspricht.

Aufwachen

Buddha ist der »Erwachte«. Als junger Mann befand er sich in einen Albtraum aus Depressionen, Ärger und Ängsten. Der untrainierte Geist neigt dazu, die negativen Seiten des Lebens überzubetonen. Er verzerrt die Wirklichkeit, indem er verallgemeinert und übertreibt. Irrationale Gedanken führen zu unangemessenen Gefühlen. Diese verstärken negative Fantasien. So entsteht ein Teufelskreis.

Daraus kann sich nur befreien, wer aufwacht. Sobald man versteht, wie das Denken mit dem Fühlen und Handeln zusammenhängt, kann man beginnen, seine Gedanken infrage zu stellen und unsinnige Überlegungen aufzugeben.

Der Geist verfügt über eine besondere Fähigkeit. Er ist in der Lage, seine eigenen Gedanken zu beobachten. Der Mensch kann über sein Denken nachdenken: Stimmt das, was ich mir da sage? Entspricht es den Tatsachen? Helfen mir meine Gedanken, mich so zu fühlen, wie ich möchte? Unterstützen sie mich, meine Ziele zu erreichen, oder bin ich dabei, sie mir auszureden?

Mit solchen Fragen kann man seine Gedanken kritisch untersuchen. Vielen ist es jedoch fremd, ihr Denken unter die Lupe zu nehmen. Sie glauben alles, was sie sich sagen. Deshalb ist es nicht so leicht, sich vom irrationalen Denken zu befreien; denn man ist vollkommen überzeugt von dem Unsinn, den man sich erzählt.

»Wenn Sara/Tobias mich verlässt, werde ich nie wieder glücklich sein!« Mit Sätzen wie diesen deprimiert man sich. Das Heimtückische daran ist, dass sie nicht stimmen. Natürlich wird man selbst in der Trennungsphase gelegentlich glücklich sein. Der momentane Schmerz mag groß sein, aber er hält nicht an. Alles ist vorübergehend und unvollkommen. Das gilt auch für seelischen Kummer. Kaum jemand ist die ganze Zeit vollkommen unglücklich. Aber man redet sich solchen Unsinn ein und glaubt auch noch daran.

Buddha ist das beste Beispiel dafür, dass das Leiden vorübergeht. Er war als Kind zeitweise glücklich, aber mit den Jahren verdüsterte sich sein Denken zunehmend. Die Aussicht, das Amt seines Vaters übernehmen zu müssen, bedrückte ihn. Außerdem kam er mit den Tatsachen des Lebens wie Krankheit, Alter und Tod nicht zurecht. Er fand keine vernünftige Einstellung dazu.

Mit 29 Jahren beschloss er, seinem Leiden ein Ende zu setzen. Nicht indem er sich umbrachte, sondern indem er sich auf die Suche nach einem Ausweg machte. Mit 35 war Buddha der glücklichste Mensch der Welt. Denjenigen, die ihm begegneten, fiel seine entspannte Art auf. Er war sichtbar zufrieden mit seinem Leben. Etwas ganz Außergewöhnliches, damals wie heute!

Der Schlüssel zu seinem Glück hieß Achtsamkeit. Buddha hatte seinen Geist beobachtet und gelernt, ihn so zu beherrschen, dass dieser ihm diente und nicht länger gegen ihn arbeitete.

Ohne Bewusstheit ist keine Veränderung zu erwarten. Mit Bewusstheit wird es möglich, Unterschiede wahrzunehmen. Man bemerkt, dass man gestern zufriedener war als heute. Warum? Was war gestern anders? Oder man stellt fest, dass man noch vor einer Minute gut gelaunt war. Jetzt ist die gute Laune plötzlich verschwunden, obwohl sich in der Umgebung nicht das Geringste verändert hat. Wie kann das sein? Hat man vor Kurzem noch über schöne Dinge nachgedacht, bis der Geist sich schwierigen Problemen zuwandte? Wie könnte man über ungelöste Fragen so denken, dass man ausgeglichen bleibt? Ist es überhaupt nötig, sich damit zu beschäftigen? Manche »Probleme« verdienen keine Aufmerksamkeit.

Achtsamkeit selbst braucht man nicht zu trainieren. Sie ist in uns angelegt. Das ist ein Grund, weshalb Buddha davon sprach, dass jeder die »Buddhanatur« habe, also alles, was erforderlich ist, um sich vom Leiden zu befreien und sein Glück zu finden.

Üben muss man allerdings den Gebrauch der Achtsamkeit. Man kann zum Beobachter seiner Innenwelt werden, das heißt seiner Gedanken und Gefühle, aber auch seiner Außenwelt, also seiner Mitmenschen und der übrigen Umgebung. Diejenigen, die gelernt haben, aufmerksam zu sein, nennt man umsichtig, besonnen oder bedächtig. Sie machen sich die Tatsachen sowie ihre Gedanken dazu bewusst, bevor sie handeln. Deshalb wirken sie oft klüger als impulsive, unbeherrschte und unaufmerksame Menschen. Sie überlegen sich Alternativen und wählen die beste aus, anstatt dem ersten Eindruck und den sich sofort aufdrängenden Gedanken zu folgen. Spontan zu handeln, kann sich nur erlauben, wer über einen gut trainierten Geist verfügt.

Wegen ihrer überragenden Bedeutung hat Buddha die Achtsamkeit als den einzigen Weg zur Überwindung des Leidens bezeichnet. In Abwandlung eines bekannten Spruchs könnte man sagen: Bewusstheit ist nicht alles, aber ohne Bewusstheit ist alles nichts.

Zur Ruhe kommen

Viele würden gern einmal abschalten, wegkommen von ihren negativen Gedanken, den Stress loslassen. Aber sie wissen nicht, wie. Einige versuchen es, indem sie sich mit Alkohol betäuben oder mit entsprechenden Drogen oder Medikamenten wie Beruhigungs- und Schlafmitteln. Der Nachteil: Alle diese Mittel haben gravierende Nebenwirkungen. Sie vergiften den Körper. Sie erzeugen eine Suchtwirkung. Die mögliche körperliche Abhängigkeit ist gering, die psychische dagegen immens.

Buddha hat einen nebenwirkungsfreien, natürlichen Weg gefunden, um zeitweise zur Ruhe zu kommen. Auf seiner Suche nach Befreiung vom Leiden fand er zwei Lehrer, die ihm Meditation beibrachten. (Diesem Thema widmen wir uns im nächsten Kapitel ausführlich.) Diese Methode, den Geist zu beruhigen, half ihm sehr.

Aber er stellte auch fest, dass ein untrainierter Geist diese wohltuende Stille sehr schnell wieder zerstört. Deshalb reicht es nicht, mit Meditation zur Ruhe kommen zu wollen. Es braucht mehr.

Allerdings ist dies kein Grund, die Ruhe-Meditation über Bord zu werfen. Sie wirkt sich auf Körper und Geist sehr positiv aus. Daher lohnt es sich, meditieren zu lernen. Auch Buddha meditierte täglich. Aber es war nicht seine einzige Beschäftigung. Leider wird er in der buddhistischen Ikonografie fast ausschließlich in einer sitzenden Meditationshaltung dargestellt, sodass sich, besonders im Westen, der Eindruck verfestigt hat, Meditation sei der Kern der Buddha-Lehre.

Um es ganz klar zu sagen: Meditation war nicht das Mittel, mit dem Buddha sich vom Leiden befreit hat. Er schlug das Angebot seiner Meditationslehrer aus, ihr Nachfolger zu werden und ihre Schulen zu übernehmen. Stattdessen suchte er weiter nach wirksameren Methoden.

So viel zu den Grenzen der Meditation. Aber wo liegt nun ihr Vorzug? Beim Meditieren konzentriert man sich auf ein bestimmtes Objekt. Das kann der Atem sein, ein Wort oder Satz oder auch nur eine Wortsilbe, also ein Klang, den man innerlich selbst erzeugt. Es ist möglich, sich auf körperliche Bewegungen, zum Beispiel auf das Gehen, zu konzentrieren. Man kann in meditativer Konzentration eine Frucht essen. Im Prinzip kommt alles als Meditationsobjekt in Betracht.

Indem man sich so konzentriert, sammelt sich der Geist. Während er sonst von einem Gegenstand zum nächsten springt, bleibt er in der Meditation bei einem einzigen Objekt. Das macht er nicht von allein. Im Gegenteil: Seine unruhige Tendenz, hin und her zu hüpfen, bleibt bestehen. Aber der innere Beobachter kann diesem Treiben Einhalt gebieten und die Aufmerksamkeit immer wieder zurück zum gewählten Meditationsobjekt lenken.

Auf diese Weise beruhigt sich der Geist mit der Zeit. Die Gedanken nehmen ab. Das gewünschte »Abschalten« wird Realität. Aber, um es zu wiederholen: Es macht keinen Sinn, die ganze Zeit »abzuschalten«. Das Leben ist nicht dazu da, nur zu meditieren.

Da Meditation zeitweise so wohltuend ist, versuchen manche, sich immer mehr Zeit dafür zu nehmen. Aus einigen Minuten werden Stunden, aus Stunden Wochenenden und aus Wochenenden mehrere Wochen im Jahr. Der eine oder die andere entschließt sich sogar, in ein buddhistisches Kloster zu ziehen.

Aufgrund eines Missverständnisses kann Meditation so zu einem Betäubungsmittel werden wie Alkohol oder andere Drogen. Aber ein derartiger Missbrauch liegt nicht im Wesen der Meditation. Sonst hätte Buddha diese Methode vollständig aufgegeben. Dem Problem liegt vielmehr die Gier zugrunde. Menschen neigen dazu, von allem, was sich gut anfühlt, mehr zu wollen. Ein weiterer Grund, weshalb Buddha die Überwindung der Gier für entscheidend hielt.

In diesem Kapitel haben wir uns mit acht Punkten beschäftigt:
1. Die Wahrheit erkennen
2. Sich von Gier, Hass und Wahn befreien
3. Freundlich kommunizieren
4. Liebevoll handeln
5. Richtig Geld verdienen
6. Den Geist trainieren
7. Aufwachen
8. Zur Ruhe kommen

Buddha hat diese Punkte als den achtfachen Weg zur Befreiung vom Leiden bezeichnet. Es ist das vollständige Programm, um Glück, Gelassenheit und Liebe zu gewinnen. Falls Sie diesen Weg beschreiten wollen, tun Sie das bitte von Anfang an auf die richtige Weise, das heißt ohne Gier. Setzen Sie sich nicht unter Druck, sondern gehen Sie Ihre persönliche Entwicklung ganz entspannt an.

Jeder kleine Schritt auf dem Weg wird sich positiv auf Ihr Leben auswirken, sei es, dass Sie das ganze Ausmaß des Leidens auf der Welt, aber auch ihres eigenen, erfassen und beschließen, da nicht länger mitzumachen. Sei es, dass Sie anfangen, die Welt Ihrer Gedanken und Gefühle genauer zu erforschen und günstig zu beeinflussen, oder sei es, dass Sie damit beginnen, täglich ein paar Minuten zu meditieren.

 ## Rundum glücklich werden

Der achtfache Weg, den Buddha gewiesen hat, führt zu einer umfassenden Befreiung vom Leiden. Er reicht vom Erkennen der Realität bis zum gelassenen und liebevollen Handeln auf allen Ebenen, sei es im Beruf, in der Beziehung zu den Mitmenschen oder zur Umwelt. Dieser Weg steht in vielem konträr zu dem, was den meisten von uns beigebracht wurde, aber »billiger« ist das wahre Glück nicht zu haben.

8

SICH DAS LEBEN
MIT MEDITATION
LEICHTER MACHEN

Falsche Vorstellungen
von Meditation

Könnten Sie einem anderen erklären, was unter Meditation zu verstehen ist? Ist es eine Methode aus dem Yoga? Dient sie der Bewusstseinserweiterung und wenn ja, wie? Wird man durch Meditation erleuchtet? Kann man dabei schreckliche Dinge erleben? Ist es eine narzisstische Selbstbespiegelung? Oder ist Meditation gar gefährlich? Sollte man lieber die Finger davon lassen?

Falsche Vorstellungen über Meditation können einen daran hindern, mit dem Meditieren anzufangen. Sie können einen genauso hindern, weiterzumachen, nachdem man begonnen hat. Da man so fühlt und handelt, wie man denkt, hängt die Verehrung oder Geringschätzung von Meditation davon ab, wie man sie bewertet.

Manche überschätzen Meditation. Sie erwarten Wunderdinge von ihr. Aber Meditation hat nichts mit Zauberei zu tun. Man lernt dabei nicht, über dem Boden zu schweben oder Einblicke in die Zukunft zu bekommen. Es ist auch nicht zu erwarten, dass jemand plötzlich während der

Meditation für alle Zeiten glückselig wird. Wer solche Dinge erhofft, wird bald enttäuscht wieder aufhören.

Andere hegen Befürchtungen, dass man beim Meditieren seinen Verstand verlieren könnte oder dass aus dem Unterbewusstsein überfallartig Dämonen auftauchen. Solche Befürchtungen sind unbegründet. Sie beruhen auf falschen Vorstellungen über das Bewusstsein. Der Begriff »Unterbewusstsein« ist eine Metapher, die in der Wirklichkeit keine Entsprechung hat. Der Geist besteht nicht aus Kästchen, die sauber übereinandergeschichtet in oben und unten, rechts und links einzuteilen wären.

Es ist der Wissenschaft bis heute nicht einmal gelungen, herauszufinden, wo das Bewusstsein seinen Sitz hat. Ist es im Gehirn angesiedelt? Lässt es sich überhaupt örtlich und zeitlich bestimmen? Existiert es womöglich jenseits von Raum und Zeit? Dazu hat die Forschung mehr Fragen als Antworten.

Jedenfalls braucht niemand zu befürchten, Dämonen in sich zu tragen. Es mag »böse« Gedanken geben, aber diese hat fast jeder. Kein Grund, nervös zu werden.

Meditation wirkt sich sogar positiv auf unangenehme Gedanken aus, weil man lernt, sie zu ignorieren, loszulassen oder auch einfach zu ertragen.

Wer seine Innenwelt noch nie unter die Lupe genommen hat, mag am Anfang vielleicht etwas aufgeregt sein. Aber ist das nicht bei allem so, was man zum ersten Mal macht? Am besten man geht mit einer gewissen Neugier an die Sache heran und nimmt alles gelassen zur Kenntnis: »Aha, das ist da. Interessant. Was noch?«

Die meisten unterschätzen Meditation. Sie wissen gar nicht, wie wohltuend diese sein kann. Deshalb denken sie, es wäre

Zeitverschwendung, sich damit zu beschäftigen. Welch ein Irrtum!

Wer längere Zeit – Wochen, Monate oder Jahre – meditiert, baut nachweislich Stress ab. Deshalb ist Meditation hervorragend geeignet, die Gesundheit zu fördern. Wenn man bedenkt, dass der größte Teil der Krankheiten durch Stress ausgelöst oder verschlimmert wird, kann man ihren Wert gar nicht hoch genug einschätzen.

Meditation wird daher heute zunehmend auch in Kliniken zur Behandlung körperlicher und psychischer Leiden eingesetzt. Sie ist wissenschaftlich inzwischen gut erforscht und hat sich in vielen Fällen als wirksam erwiesen.

Wenn Sie nicht meditieren

Wenn Sie nicht wie Buddha regelmäßig meditieren, verpassen Sie etwas. Aber was?

Meditation ist nicht so ungewöhnlich, wie viele meinen. Fast jeder hat in seinem Leben schon einmal meditiert, allerdings ohne es zu wissen. Wenn Sie, um einzuschlafen, Schäfchen gezählt haben, dann war das Meditation. Haben Sie sich in der Schule während einer Klassenarbeit intensiv auf die Aufgaben konzentriert? Dann haben Sie meditiert. Bestimmt haben Sie schon mal auf dem Sofa gelegen und ganz entspannt nichts getan. Die Gedanken zogen vorbei. Sie haben sie einfach wahrgenommen, ohne sich weiter mit ihnen zu beschäftigen. Das süße Nichtstun war viel zu wichtig, um es in irgendeiner Weise zu stören. Sie befanden sich in einem Zustand wacher Passivität. Auch das waren meditative Momente.

Der Unterschied zwischen Ihnen und Buddha besteht lediglich darin, dass er das Meditieren bewusst einsetzte, um jeglichen Stress hinter sich zu lassen.

Grundsätzlich unterscheidet man zwei Arten von Meditation. Die erste zielt darauf ab, zur Ruhe zu kommen, wie in dem Beispiel, wo man Schäfchen zählt, um einzuschlafen. Man lässt den Geist nicht länger unruhig umherschweifen. Schon gar nicht lässt man ihn bei Sorgen verweilen. Vielmehr sucht man sich etwas Angenehmes oder Neutrales, womit sich der Geist beschäftigen kann. Man zählt Schäfchen. Oder wiederholt in einem langsamen Rhythmus eine Silbe wie om, aim oder ta. Das Angenehme dabei ist, dass diese Klänge keine Bedeutung haben und daher nicht zu weiteren Gedanken führen.

Man kann nicht nichts denken. Jedenfalls nicht zu Beginn. Deshalb bietet man dem Geist eine Beschäftigung an. Er kann denken, aber ohne die damit so oft verbundenen negativen Gefühle. Eine Silbe oder einen Klang zu wiederholen, unterbricht den üblichen Gedankenstrom. Die Aufgabe besteht darin, dem Klang zu lauschen – das geht mit M-Lauten besonders gut – und sich um die übrigen Gedanken nicht weiter zu kümmern. Der Geist neigt natürlich dazu, abzuschweifen und sich erneut in Gedankengänge zu verstricken, aber sobald man das bemerkt, lässt man das Denken los und spricht wieder die Silbe. Wie wenn man ganz entspannt auf dem Sofa liegt und die Gedanken einfach laufen lässt. Man genießt die Ruhe.

Die andere Form der Meditation zielt auf Erkenntnis. Man wendet sich ganz bewusst nach innen und beobachtet, was sich dort abspielt. Womit beschäftigen sich die Gedanken? Wohin driftet der Geist? Welche Gefühle sind vorhanden?

Um eine gewisse Distanz zum Denken und Fühlen aufzubauen und sich nicht wie sonst mit seinen Gedanken und Emotionen zu identifizieren, richtet man seine Aufmerksamkeit am besten auf den Atem. Man beobachtet den Einatem, den Ausatem und die kleinen Pausen, die meistens dazwischenliegen. Dabei entspannt man sich. Konzentration ist für viele mit Anspannung verbunden. In der Meditation geht es aber darum, wach und entspannt zugleich zu sein.

Die Beobachtung des Atems wird unterbrochen durch Gedanken, Gefühle, Bewegungen, Geräusche von außen und vieles mehr. Alles ist willkommen. Man nimmt es aufmerksam und mit einer gewissen Neugier zur Kenntnis (»Womit will mein Geist sich im Moment beschäftigen?«), lässt es jedoch los und beobachtet wieder den Atem.

Meditationen gibt es wie Sand am Meer. Man kann viele Ziele damit verbinden. Zu nennen wäre noch die Schulung der Konzentration. Man richtet die volle Aufmerksamkeit auf sein Meditationsobjekt (eine Silbe oder den Atem) und kehrt sofort dahin zurück, wenn man abschweift.

Sich in dieser Weise konzentrieren zu können, ist im Alltag sehr nützlich, wie zum Beispiel in der Schule bei Klassenarbeiten. Man denkt nicht über Erfolg oder Misserfolg nach, sondern beschäftigt sich ausschließlich mit den Aufgaben.

So zu meditieren, ist ein hervorragendes Mittel gegen die übliche Zerstreuung, bei der die Aufmerksamkeit auf tausend Dinge gleichzeitig gerichtet ist. Während man isst, hört man Musik und telefoniert. Unter der Dusche denkt man darüber nach, was alles zu erledigen ist. Während man sich mit seiner Partnerin oder seinem Partner unterhält, ist man in Gedanken noch bei der Arbeit. Nie ist man bei einer Sache. Ständig kreist das Denken um die Vergangenheit und die Zukunft. Den gegenwärtigen Moment aber verpasst man. Durch die Meditation lernt man, in der Gegenwart zu leben. Nur dort findet man auch die Freiheit, sich positiv zu verändern.

Zum Beobachter werden

Vorschnelle Schlüsse zu ziehen, ist ein typischer Denkfehler. Jemand sieht seine Freundin mit einem fremden Mann und glaubt, sie habe ein Verhältnis. In Wirklichkeit handelt es sich um ihren Bruder. Jemand anderes stellt fest, dass sein Auto verschwunden ist. Er nimmt an, es sei gestohlen worden. Tatsächlich wurde es wegen Falschparkens abgeschleppt.

Voreilig zu handeln, ist ein weit verbreiteter Fehler. Ein Kaufmann glaubt, das Geschäft seines Lebens gemacht zu haben. Hätte er die Ware genauer geprüft, hätte er gemerkt, dass sie verdorben ist. Eine Lehrerin tadelt eine Schülerin, weil sie glaubt, sie habe einen Mitschüler gemobbt. Bei genauerer Prüfung des Sachverhalts hätte sie erkannt, dass sie die falsche beschuldigt.

Viele nehmen sich nicht die Zeit, die Dinge in Ruhe zu beobachten, bevor sie weitreichende Schlüsse ziehen oder eine Angelegenheit regeln. Meditation ist ein gutes Mittel gegen die Tendenz, vorschnell zu urteilen oder übereilt zu handeln.

Sie schult darin, sich nicht ständig einzumischen, nicht pausenlos zu kämpfen und nicht automatisch einzugreifen. Die Menschen, insbesondere in den Industriestaaten, neigen dazu, an alles aggressiv heranzugehen. Sie warten nicht, sie beobachten nicht, sie sind hyperaktiv. Am liebsten tun sie mehrere Dinge auf einmal, was verhindert, wenigstens eine Sache richtig zu machen.

Meditation ist das Gegenteil davon. Deshalb fällt sie den meisten so schwer. Passiv sein, zulassen, dulden, erlauben: Solche Einstellungen stehen nicht besonders hoch im Kurs.

Der dynamische, aktive, entscheidungsfreudige Manager ist das Leitbild unserer Kultur.

Als die Menschen noch überwiegend auf dem Land lebten und ihre Lebensmittel selbst anbauten, war dies anders. Es wurden keine Wachstumsbeschleuniger, keine künstlichen Düngemittel und kein genverändertes Saatgut eingesetzt. Die Natur brauchte ihre Zeit. Die Bauern und Bäuerinnen hatten sich ihr zu unterwerfen. Der Rhythmus von Tag und Nacht sowie der Wechsel der Jahreszeiten bestimmte das Leben. Es war beschaulicher, um nicht zu sagen: meditativer.

<u>Meditation heißt zulassen.</u> Während man ruhig dasitzt, stürmen die Gedanken auf einen ein: Wen man noch anrufen muss, was man beim Einkaufen vergessen hat und worüber man sich im Moment Sorgen macht. Darauf reagiert man während der Meditation nicht. Man springt nicht auf, um den Anruf zu erledigen. Der Einkauf und was im Haushalt fehlt, ist im Moment egal. Genauso hält man es mit den Sorgen: Sie können warten.

Das Einzige, was beim Meditieren zählt, ist der gewählte Brennpunkt der Aufmerksamkeit. Hat man beschlossen, den Atem zu beobachten, atmet man bewusst ein und aus. Alles andere nimmt man zur Kenntnis, mehr nicht.

Manche Menschen vermeiden es, zweimal an denselben Urlaubsort zu fahren oder auch nur zweimal dieselbe Straße entlangzugehen. Sie lesen Bücher stets nur einmal, hören Musik nie mehrmals und wiederholen keinen Film. »Kenn ich, weiß ich, war ich schon«, ist ihre Devise. Im Grunde genommen ist diese Haltung oberflächlich.

Es ist unmöglich, zweimal an denselben Ort zu fahren. Man selbst hat sich geändert und der Ort auch. Aber das merkt man nur, wenn man ein aufmerksamer Beobachter der Innen- und Außenwelt ist. Es gibt so viel mehr zu entdecken, als man bei einem Mal sehen kann.

MusikerInnen und MusikliebhaberInnen entdecken in bekannten Stücken immer wieder etwas Neues, egal wie oft sie sie gespielt oder gehört haben. Es ist nur eine Frage der Achtsamkeit.

Diese Fähigkeit kann man durch Meditation schärfen. Die Dinge dürfen ausreden. Man lernt sich und seine Umwelt besser kennen. Die fehlende Zeit kommt zurück. Langsamkeit wird zur Entdeckung, Geistesgegenwart zur Regel. Und das alles nur, weil man angefangen hat, täglich ein paar Minuten lang bewusst zu beobachten.

Auf den Körper achten

Meditieren kann man nicht nur im Sitzen, sondern auch im Stehen, Liegen und Gehen. Beim Liegen besteht allerdings die Gefahr, einzuschlafen. Das Gehen bietet dagegen eine Fülle an Möglichkeiten, seine Bewegungen zu beobachten.

In Meditationszentren dient das Gehen als Abwechslung zum Sitzen. Es wird sehr langsam ausgeführt, fast schon in Zeitlupe, damit der Achtsamkeit nichts entgeht. So entsteht manchmal der Eindruck, man könne Bewegungen nur aufmerksam beobachten, wenn man sie stark verlangsamt. Das hängt jedoch vom Zweck ab. Will man eine Bewegung genau studieren, ist es unumgänglich, sie möglichst klein und langsam zu machen. Grundsätzlich ist jedoch möglich, auch dann achtsam zu sein, wenn man sprintet.

Ein Beispiel für eine langsame Bewegungsmeditation ist die Feldenkrais-Methode. Ihr Begründer, der Physiker und Pädagoge Moshé Feldenkrais (1904-1984), suchte nach einer Möglichkeit, sich trotz eines schwer verletzten und zu seiner Zeit nicht operablen Knies wieder »normal« bewegen zu können. Er fand die Lösung, indem er vorsichtige, minimale und vor allem langsame Bewegungen machte. So lernte er nach und nach sein Knie (und seinen ganzen Körper) so zu gebrauchen, dass er wieder schmerzfrei und flüssig gehen konnte. Indem er die Funktionen seiner Muskeln achtsam untersuchte, konnte er sich von seinem Leiden befreien. Später unterrichtete er andere in dieser Methode mit großen Erfolgen. Er nannte sie »Bewusstheit durch Bewegung«.

SprinterInnen dagegen können nicht jede Einzelheit beim Laufen wahrnehmen. Dennoch müssen sie ein gutes

Körpergefühl entwickeln, um sich nicht zu verletzen. Anspannung und Entspannung wechseln sich in rascher Folge ab. Beobachten Sie einmal SpitzensportlerInnen beim Sprinten. Es ist bemerkenswert, wie entspannt sie die Strecke zurücklegen. Unnötige Verspannungen würden den Fluss der Bewegung stören. Deshalb kommt es darauf an, dass sie die richtige Mischung aus Anspannung und Entspannung finden.

Noch besser lässt sich diese entspannte Dynamik bei Raubkatzen beobachten. Ein Gepard, der bei der Jagd Geschwindigkeiten von 110 bis 120 Stundenkilometer erreicht, wirkt entspannt und hoch konzentriert zugleich.

Schnelle Bewegungen fühlen sich selbstverständlich anders an als langsame. Das stellt aber kein Hindernis dar, um sie aufmerksam beobachten zu können. Der Achtsamkeit ist die Geschwindigkeit egal. Sie nimmt wahr, was ist. Also glauben Sie bitte nicht, man müsse immer langsam machen, um beobachten zu können.

Damit kommen wir zu der Frage, ob es gute und schlechte Meditation gibt. Nicht wenige ärgern sich, wenn sie sich während ihrer Meditation kaum auf ihr gewähltes Objekt konzentrieren konnten, weil ständig störende Gedanken oder Außengeräusche auftauchten. Ihnen kann man nur raten: wahrnehmen, was ist. Auch Zerstreutheit, Störungen und daran anschließende Gedanken und Gefühle lassen sich hervorragend beobachten. Man erkennt seine Erwartungen, wie eine Meditation zu sein habe, und seinen Ärger, wenn diese Annahmen enttäuscht werden. Wie sollte man sonst dem Zusammenhang zwischen Denken und Fühlen auf die Spur kommen? Wem solche Erkenntnisse während der

Meditation gelingen, dürfte auch im Alltag große Fortschritte machen.

Ist eine Meditation schlecht, weil man dabei nicht zur Ruhe gekommen ist? War dies das Ziel, scheint es so zu sein. Dabei darf man aber nicht übersehen, dass es eine Weile dauern kann, bis sich Entspannungseffekte einstellen. Am Anfang spürt man wahrscheinlich erst einmal, wie unruhig und verspannt man ist.

Ist Achtsamkeit das Ziel der Meditation, kann eine Meditation sowieso nicht schlecht sein; denn man beobachtet einfach das, was im jeweiligen Moment vorhanden ist. Man blendet nichts aus. Anspannung, Langeweile, Unkonzentriertheit sind genauso willkommen wie Entspannung, Wohlbefinden und geistige Klarheit.

Eine Meditation ist also nicht etwa misslungen, weil man sich dabei nicht wohlgefühlt hat oder danach nicht erfrischt war oder weil man sich gelangweilt und keine großen Erkenntnisse gewonnen hat. Man lässt – vielleicht gegen seine sonstigen Gewohnheiten – alles zu und lernt auf diese Weise ganz nebenbei mehr Geduld und Toleranz, mithin Fähigkeiten, die in unserer Gesellschaft eher unterentwickelt sind.

Die Gefühle wahrnehmen

Indem man meditiert, kann man lernen, sich von seinen Gedanken zu distanzieren. Die meiste Zeit identifiziert man sich mit ihnen, glaubt unbesehen, dass sie der Realität entsprechen, und nimmt sie oft zu ernst. So verkehrt sich das Verhältnis ins Gegenteil: Nicht wir haben Gedanken, sondern sie haben uns. Durch Meditation lässt sich dieses Missverhältnis korrigieren.

Gedanken haben ein gewisses Eigenleben. Sie kommen und gehen, wie sie wollen, jedenfalls beim untrainierten Geist, aber wir können die Regie übernehmen und bestimmen, worauf wir die Aufmerksamkeit lenken wollen. Es ist möglich, sich jederzeit dem Atem zuzuwenden und diesen zu beobachten, anstatt den Assoziationsketten des Geistes zu folgen.

Menschen sind vermutlich die einzigen Lebewesen, die sich Gedanken über ihre Gedanken machen. Wir bewerten alles: unsere Mitmenschen, Tiere und Pflanzen, die neueste Mode, Autos und Computer. Was uns gefällt, wollen wir haben. Was wir nicht mögen, lehnen wir ab. Dasselbe tun wir mit unseren Gedanken. Die »guten« wollen wir behalten, die »schlechten« loswerden. Aber das geht nicht so einfach.

Je mehr man gegen bestimmte Gedanken ankämpft, desto hartnäckiger bleiben sie. Dieses Problem zeigt sich bei dem Mönch in der folgenden Geschichte: Zwei Ordensangehörige hatten ein Gelübde abgelegt, keinen Kontakt zu Frauen aufzunehmen. Doch als sie an einen Fluss kommen, steht dort eine Frau, die wie sie ans andere Ufer möchte. Einer der Mönche bietet ihr an, sie hinüberzutragen. So geschieht es.

Die beiden sind schon einen halben Tag wieder allein unterwegs, als der andere Mönch seinen Glaubensbruder zur Rede stellt: »Du hast gegen unser Gelübde verstoßen.« Darauf sagt der Angesprochene: »Ich habe die Frau vor Stunden am Ufer abgesetzt und zurückgelassen. Trägst du sie immer noch?«

Über den Zusammenhang zwischen Gedanken und Gefühlen haben wir in diesem Buch mehrfach gesprochen. Diese Verbindung wird auch in der Meditation deutlich. Angstvolle Gedanken haben Angst zur Folge. Trauer begleitet melancholische Gedanken. Gedanken der Entrüstung lösen Ärger aus. Gelingt es, sich tatsächlich minutenlang überwiegend auf den Atem zu konzentrieren, verschwinden die Gedanken mit ihren dazugehörigen Gefühlen. Leider hält dieser Effekt nicht an, wenn man danach zu ihnen zurückkehrt. Deshalb wies Buddha auf die vorübergehende Wirkung der Meditation hin. Sie befreit für eine gewisse Zeit, aber nicht dauerhaft vom Leiden. Erst wenn man lernt, anders über seine Probleme zu denken, findet der Stress ein Ende.

Diese Erfahrung muss jeder selbst machen. Sonst sind es nur leere Worte. In der Meditation besteht die Gelegenheit, seine Gedanken und Gefühle bewusst wahrzunehmen. Am Anfang reicht es, festzustellen, ob da angenehme oder unangenehme Gefühle sind. Man wird auch feststellen, dass die Stimmung von Meditation zu Meditation wechselt, oft sogar währenddessen. Auch hier stellt sich die Frage: Habe ich Gefühle oder haben die Gefühle mich?

Die meisten neigen dazu, die Emotionen ihr gesamtes Innenleben vereinnahmen zu lassen. Begibt man sich jedoch in die Beobachterposition, entsteht Raum für anderes. Da sind Emotionen, aber auch Gedanken, Sinneswahrnehmungen und die Außenwelt. Es ist möglich, seine Aufmerksamkeit nach außen zu lenken. Es ist möglich, sich abzulenken. So kann man lernen, mit seinen Gefühlen zu spielen. Man ist ihnen nicht ausgeliefert. Bis man diese Fähigkeit beherrscht, braucht es aber einige Übung. Meditation kann ein Anfang sein.

Erkenne dich selbst

In unserer Kultur ist die Aufmerksamkeit nach außen gerichtet. Die Beherrschung der (Außen-)Welt war und ist das Ziel. Die dabei erreichten Erfolge sind beachtlich. Obwohl wir ohne Flügel sind, haben wir eine Technik gefunden, zu fliegen. Wir sind keine Fische und überqueren trotzdem die Meere. Ursprünglich Sammler und Jäger, ist es uns gelungen, unsere Kühlschränke im Überfluss mit Lebensmitteln zu füllen. Wir müssen uns nicht mehr täglich auf die Nahrungssuche begeben. Mit der Herstellung und Nutzung des Stroms sowie der Erfindung des Computers als neueste technische Errungenschaft, haben wir uns weitere ungeahnte Möglichkeiten erschlossen.

Vor 2000 Jahren gab es in den Hochkulturen zwar bereits handgeschriebene Buchrollen aus Papyrus, private und öffentliche Bibliotheken sowie Verleger und Buchhändler. Aber der Buchdruck und seit Kurzem elektronische Bücher stellen dies alles bei Weitem in den Schatten.

Die Beherrschung der Innenwelt hat mit der technischen Entwicklung nicht Schritt gehalten. Die meisten können mit ihren Gefühlen mehr schlecht als recht umgehen. Panikanfälle, Depressionen und heftige Wut gehören für viele zum Alltag.

Die mangelnde Selbstbeherrschung zeigt sich auch im Verhalten. Gewalt ist in vielen Teilen der Welt eine zerstörerische Kraft von ungeheurem Ausmaß. Der Erste und der Zweite Weltkrieg liegen kaum hundert Jahre zurück. Der Papst erklärte jüngst, ein dritter Weltkrieg sei im Gange. Ganze Länder werden um Jahrhunderte zurückgebombt.

Die gegen die Natur gerichtete Gewalt scheint in Form des Klimawandels auf uns zurückzuschlagen. Ich will das hier nicht weiter ausführen. Sie brauchen nur einen Blick in die Tagesnachrichten und ins Geschichtsbuch zu werfen, um sich ein Bild des Elends zu machen. Der Missbrauch von Macht, Geld und Sex geht ins Unermessliche.

Buddha war der Überzeugung, dass wir alle Formen des Leidens nur überwinden können, wenn wir unsere Aufmerksamkeit nach innen lenken. Wir müssen lernen, uns selbst zu beherrschen. Sonst richten uns unsere Gier, unser Hass und unser Wahn zugrunde.

Viele wissen nicht, wer sie eigentlich sind. Die Selbsterkenntnis ist gering, die Innenwelt ein unerforschtes Gebiet. Wie ist es bei Ihnen? Können Sie mit sich und Ihren Gedanken allein sein oder benötigen Sie ständig ablenkende Musik, das Fernsehprogramm im Hintergrund und Ihr Handy in Griffnähe? Sind Sie mit Ihrer Innenwelt vertraut oder fürchten Sie sich vor Ihrem »Unterbewusstsein« und den Dingen, die da vielleicht hochkommen könnten? Kommen Sie mit Ihren Gefühlen gut zurecht oder passiert es Ihnen, dass Sie vor Wut ausrasten? Meiden Sie bestimmte Situationen, weil Sie meinen, Sie könnten in Panik geraten?

Es hat lange gedauert, bis die Menschheit ein zutreffendes Bild der Erde hatte. Frühe Landkarten zeigen uns, wie bruchstückhaft das Wissen um die Gestalt der Landmassen war. Nur außergewöhnlich Wagemutige riskierten eine Fahrt in unbekannte Gewässer. Da man die Erde für eine Scheibe hielt, musste man damit rechnen, an deren Rändern abzustürzen.

So ein Wagemutiger war, was die Innenwelt betraf, Buddha. Anders als die heutigen Gehirnforscher, die sich ähnlich den sieben Schwaben ihrem Untersuchungsobjekt vorsichtig mit Elektroden, modernen Röntgengeräten und dem Skalpell in der Hand nähern, wollte Buddha den Geist von innen kennenlernen. Bei seinen Erkundungsreisen stürzte er nicht ins »Unterbewusstsein« ab. Die »Dämonen« erwiesen sich als beherrschbar. So gewann er immer mehr Vertrauen in seine Innenwelt. Wie in einem Garten konnte er das »Unkraut«: die Gier, den Hass und den Wahn zurückdrängen und stattdessen die »Blumen«: das Glück, die Gelassenheit und die Liebe zum Blühen bringen.

Um die Vergleiche noch ein wenig weiter zu treiben: Es dauerte noch länger, bis die Menschen die Außenwelt so weit erforscht hatten, dass sie verstanden, was es mit Blitz und Donner auf sich hat, woher die Babys kommen und dass man nicht unbedingt zehn davon haben muss.

Was die Innenwelt angeht, wissen bis heute nur wenige, woher die Gefühle kommen und dass man sie nicht alle ausagieren muss. Was es mit Krieg und Gewalt auf sich hat und wie man beides beenden könnte, ist weitgehend unbekannt.

Was gab es auf Reisen, wie Kolumbus sie unternahm, schon zu entdecken? Ferne Kontinente. Diejenigen, die ihm folgten, jagten nach Gold und Edelsteinen. Nach ihrem Glück suchen die meisten Menschen jedoch bis heute.

Die Außenwelt ist in vielem ein Spiegel der Innenwelt. Wenn innen Gier und Hass regieren, kann es außen keine Liebe und keinen Frieden geben. Der Schlüssel zu einer friedlicheren Welt liegt in unserem Inneren.

Die Beobachtung der Natur war der Ausgangspunkt für die Naturwissenschaften und die Beherrschung der Außenwelt. In gleicher Weise ging Buddha vor. Der Selbstbeobachtung folgte die Selbsterkenntnis und ihr die Selbstbeherrschung. Buddha war ein Pionier in der Erkundung der Innenwelt. Er benötigte dafür keine technischen Geräte. Achtsamkeit, Meditation und Umdenken genügten völlig.

Über das Beobachten hinaus

Wenn man glaubt, es würde genügen, die Dinge zu beobachten, irrt man sich. Zur Ruhe zu kommen, reicht ebenfalls nicht aus, um ein stressfreies Leben zu führen. Es fehlt noch etwas Wichtiges, nämlich die richtigen Entscheidungen zu treffen.

Meditation ist, wie wir gesehen haben, ein überaus nützliches Mittel. Aber es ist nicht Sinn und Ziel des Lebens. Bei Buddha übersehen manche, dass seine Haupttätigkeit darin bestand, zu unterrichten. Er war ein Wandermönch, der zusammen mit seinen Anhängern von Ort zu Ort zog, um allen, die dazu bereit waren, zu sagen, wie sie es, ebenso wie er, schaffen könnten, Kummer und Sorgen, Trübsal und Verzweiflung hinter sich zu lassen.

Seine Mitmenschen waren ihm nicht gleichgültig. Ein Leben in Meditation sah er als unzureichend an. Nachdem er sich selbst vom Leiden befreit hatte, fragte er sich, ob es Sinn machen würde, seine Erkenntnisse anderen zu vermitteln. Er hatte Zweifel, ob sie bereit wären, seinem Weg zu folgen und so zu trainieren, wie er dies jahrelang getan hatte. Doch dann wurde ihm klar, dass zumindest einige froh sein würden, seine Botschaft zu hören.

Buddha lehrte, dass jeder sich selbst erlösen müsse. Die Götter waren dafür nicht zuständig. Niemand könne einem die Mühe abnehmen, den inneren Frieden zu entdecken.

Die Kritik, dass die Lehre Buddhas egoistisch sei, weil jeder an seinem eigenen Glück arbeite, geht, wie man sieht, ins Leere. BuddhistInnen haben häufig ein großes Herz für ihre Mitmenschen. Sie möchten, dass alle Wesen glücklich sind. Buddha ahnte nicht, dass seine Lehre so viele

Menschen erreichen würde und auch nach 2500 Jahren noch Bestand hätte. In Europa verbreitet sie sich sogar erst seit fünfzig Jahren in nennenswertem Ausmaß. Zuvor kannten hier nur wenige die Ansichten Buddhas.

Was jemand als den Sinn seines Lebens begreift und wie jeder sein Leben gestalten möchte, bleibt ihm selbst überlassen. Möglichst sollte es etwas Positives sein, etwas, das das Leben, die Gesundheit und das Glück fördert und die Welt zu einem besseren Ort macht.

Meditation kann dabei eine wertvolle Hilfe sein. Sie ermöglicht, sich selbst zu erkennen. Was ist mir wichtig? Welche Bedürfnisse habe ich? Wie kann ich sie beruflich und privat entfalten? Was macht mich glücklich, was unglücklich? Nicht zufällig wird einem in Zeiten, in denen man den Kopf frei hat, wie zum Beispiel im Urlaub oder am Wochenende oder nachts im Schlaf, klar, welchen Lebensweg man am besten gehen sollte.

Meditation ist eine tägliche Insel des Rückzugs. Der aufgeregte, unruhige Geist kann sich sammeln. Man kann ihn mit einem Glas Wasser vergleichen, in dem zahllose winzige Teilchen eines Pulvers umherwirbeln. Lässt man es in Ruhe, sinken die Partikel auf den Boden. Das Wasser wird ganz klar. Nur ein klarer Geist kann die Richtung erkennen, die man seinem Leben geben sollte. Im Trubel des Alltags ist dies unmöglich.

Achtsamkeit ist die eine Seite der Meditation, Wahlfreiheit die andere. Die Fähigkeit, auf der Basis gründlicher Beobachtung Entscheidungen zu treffen, kommt in den meisten Meditationsbüchern zu kurz, während Achtsamkeit als das Allheilmittel gepriesen wird.

Stellen Sie sich vor, Sie hätten einen kleinen Stein im Schuh. Anfangs bemerken Sie ihn beim Laufen gar nicht. Aber nach einiger Zeit dringt zunächst ein leiser, dann jedoch stetig zunehmender Schmerz in Ihr Bewusstsein. Ist Ihre Aufmerksamkeit gut entwickelt, bemerken Sie das Unbehagen bereits bei den ersten Anzeichen. Was tun Sie nun? Beobachten Sie in geschulter meditativer Achtsamkeit die Qualität des Schmerzes? Ob er bohrt, sticht oder brennt? Wie er mal größer, mal kleiner wird und am Ende nahezu unerträglich? Hoffentlich nicht!

Achtsamkeit ist kein Selbstzweck. Sie stehen vor der Wahl, ob und wann Sie den Stein aus Ihrem Schuh entfernen wollen. Wenn Sie klug sind, untersuchen Sie Ihren Fuß und den Schuh sofort. Buddha lehrte schließlich Leidbefreiung! Dafür müssen Sie nicht nur beobachten, sondern auch Ihren Willen in geeigneter Weise einsetzen. Beobachtung allein hilft Ihnen nicht weiter, Ihr Wille schon.

In der westlichen Welt wird der Wille überbetont, unter Buddhisten die Achtsamkeit. Beobachten Sie nicht zu viel und überstrapazieren Sie Ihren Willen nicht. Wählen Sie den Mittleren Weg zwischen blindem Aktionismus und sinnfreier Achtsamkeit.

 ## Sich das Leben mit Meditation leichter machen

Meditieren bedeutet erlauben, zulassen. Deshalb fällt sie den meisten (vor allem den westlichen) Menschen so schwer. Viele kennen nur Anspannung oder Zerstreuung, aber nicht den wohltuenden Zustand wacher

Entspanntheit, der sich beim Meditieren einstellen kann. Meditation ist nicht der Kern der Buddha-Lehre und befreit nicht dauerhaft von Stress. Sie ist aber eine ausgezeichnete Übung, um seine Geistesgegenwart zu schulen.

9

Den Mittleren Weg gehen

Weder einseitig noch extrem

Buddha kannte sowohl den Luxus eines Raja-Palastes als auch die äußerste und letztlich lebensbedrohliche Askese. Er hat am eigenen Leib erfahren, dass weder Geld noch Gold froh machen, aber auch, dass Selbstquälerei nicht zu Erkenntnis oder zu irgendeiner Art von Bewusstseinserweiterung führt. Aus diesen Erlebnissen heraus entwickelte er seinen Rat, den Mittleren Weg zu gehen.

Dazu wird folgende Geschichte erzählt: Buddha wurde vorgeworfen, er gebe verschiedenen Menschen einander widersprechende Ratschläge. Darauf antwortete er: »Wenn zwei Personen einen Weg entlanggehen, der rechts und links von einem Graben gesäumt wird, sage ich zu dem einen, er möge weiter rechts gehen, weil er in Gefahr ist, links in den Graben zu fallen. Dem anderen rate ich, weiter links zu gehen, weil er dabei ist, sich dem rechten Graben zu sehr zu nähern. Auf diese Weise erreiche ich, dass beide den Weg so beschreiten, dass sie nicht zu Schaden kommen.«

Weder Einseitigkeit noch extremes Verhalten führt zu einem geglückten Leben. Die Bewertung aber, was extremer Luxus oder was übertriebene Bescheidenheit ist, wird jeder unterschiedlich vornehmen. Die einen empfinden es als unerträglichen Einschnitt in ihre Lebensqualität, wenn sie eines von mehreren Ferienhäusern veräußern müssen. Andere halten es für grobe Verschwendung, wenn sie Teeblätter nicht mindestens für drei Aufgüsse verwenden.

Jeder kann nur für sich selbst entscheiden, wo die Übertreibung beginnt und ob er in Gefahr ist, sich zu sehr dem »Graben« auf der einen oder dem auf der anderen Seite zu nähern.

Fragen Sie sich: Womit fühle ich mich wohl? Habe ich tatsächlich Freude an etwas oder will ich nur andere damit beeindrucken? Ist mir das, was ich besitze, Lust oder Last? Bin ich davon überzeugt, etwas Gutes zu verdienen, oder zweifle ich an meinem Wert? So können Sie sich beim Thema Verschwendung oder Kargheit auf die Schliche kommen.

Extremes Verhalten beruht auf extremen Überzeugungen und diese sind irrational. Ein Beispiel: Sowohl die Auffassung, die Menschheit sei schlecht, als auch der Glaube, alle Menschen seien gut, blendet die Vielfalt des Lebens aus. Es ist klassisches Schwarz-Weiß-Denken.

Wesentlich zuträglicher für eine gelassene Haltung ist es, die Schattierungen, Grautöne und sämtliche Farben des Regenbogens zu sehen. Das Unglück im Glück zu erkennen, bewahrt uns davor, unrealistische Erwartungen aufzubauen. Andererseits erhält uns die Fähigkeit, das Glück im Unglück auszumachen, den Optimismus und die Freude am Leben. Es macht Sinn, den Fokus auf das Positive zu richten, mögliche Hindernisse aber nicht zu leugnen.

Wie in der Geschichte mit den beiden Wanderern und dem Graben ist es hohe Lebenskunst, die Balance zu bewahren, weder in die eine noch in die andere Richtung abzustürzen, trotz manchmal schwankendem Boden das Gleichgewicht zu halten und sich bei Gegenwind nicht wegpusten zu lassen.

Wer es zum Beispiel versteht, ebenso gut allein Spaß zu haben wie mit anderen Menschen, muss sich nicht an Personen klammern, die ihm nicht guttun, und läuft andererseits nicht Gefahr, angenehme Menschen mit seinen Besitzansprüchen zu vertreiben. Er muss sich aber auch nicht in seine Höhle zurückziehen, um sich vor anderen abzuschirmen, sondern ist in der Lage, die eigenen Bedürfnisse in Beziehungen zur Geltung zu bringen.

Definiert man sich nicht einseitig über Beruf und Leistung, verliert man nicht den Boden unter den Füßen, wenn man arbeitslos, krank oder erwerbsunfähig wird. Man kann es vielleicht sogar genießen, mal nichts zu tun. Man muss nicht perfekt sein, sondern darf scheitern und erkennt möglicherweise darin noch einen Vorteil. Erfolg kommt, Erfolg geht. Alle Menschen, die wirkliche Champions sind, haben nicht nur gewonnen. Sie haben stets auch viele Niederlagen einstecken müssen.

Pauschale Bewertungen wie »Erfolgstyp« oder »Loser«, beleuchten – wenn überhaupt – nur einen kleinen Ausschnitt aus dem Leben eines Menschen. Die Wirklichkeit ist viel komplexer.

Um Übertreibungen zu erkennen und zu vermeiden, ist es hilfreich, sich zu fragen: Was sind die Fakten? Stimmt das überhaupt, was ich mir gerade einreden will oder was andere mir erzählen? Was spricht gegen diese einseitige Wahrnehmung?

Übrigens: Buddha war – was vielen nicht bekannt ist – kein Vegetarier. Da er als Wandermönch umherzog und von den

Menschen, die ihm etwas geben wollten, seine Mahlzeiten bekam, aß er, auch aus Respekt vor den Spendern und Spenderinnen, »was auf den Tisch kam«. Er lehnte es jedoch ab, dass seinetwegen zur Zubereitung eines Festessens ein Tier getötet wurde. Auch was das Essen betrifft, war Buddha weder einseitig noch extrem.

Es heißt, man solle nicht päpstlicher sein als der Papst. Vielleicht sollte man auch nicht buddhistischer sein als Buddha.

Ein gesundes Verhältnis
zu Geld, Sex und Macht

Am Verhältnis zu Geld, Sex und Macht kann man besonders gut ablesen, ob jemand es schafft, Extreme zu vermeiden.

Wie ist Buddha mit dieser Thematik umgegangen?

In seinem »ersten Leben« als Königssohn hatte er Frau und Kind. Vielleicht lag es daran, dass es sich um eine arrangierte Ehe handelte, aber das Familienleben befriedigte ihn nicht. Deshalb verließ er seine Familie und gründete einen Mönchsorden. Er hat sich Wahlverwandtschaften geschaffen und eine Gemeinschaft von Gleichgesinnten gebildet, in der er sich wohlfühlte. Später wurde auch sein Sohn Mitglied dieses Ordens.

Buddha lehnte Sex nicht ab, hat sich selbst aber – soweit wir wissen – für Enthaltsamkeit entschieden.

Auch Geld und Macht verachtete er nicht (was übrigens eine Form von Hass wäre). Ohne die Gaben und die Unterstützung von reichen Gönnern hätte er seine Lehre nicht so verbreiten können, wie er es tat. Da er als Wandermönch lebte, war er darauf angewiesen, dass andere ihm Nahrung und Unterkunft boten. Seine Ansprüche an beides waren allerdings gering.

Er bestand nicht darauf, Menschen von seinen Erkenntnissen zu überzeugen. Anderen seinen Weg der Befreiung vom Leiden zu zeigen, war aber sein wichtigster Lebensinhalt. Es befriedigte ihn, wenn Menschen ihm folgten, weil er möglichst vielen zu einem gutes Leben verhelfen wollte. Macht – im Sinne von Autorität – verstand er nicht als Selbstzweck, sondern als Mittel zur Befreiung vom Leiden.

Das sinnlose Anhäufen von materiellen Dingen, die atemlose Jagd nach sexuellen Abenteuern oder das Bedürfnis, andere zu dominieren, ist ebenso extrem wie die fanatische Ablehnung jeglichen Besitzes, das Herabwürdigen sinnlicher Freuden und der Hass auf jegliche Entscheidungsmacht. Die heftige Ablehnung von Sexualität, ja die Abscheu davor, die in einigen Schriften buddhistischer Mönche zum Ausdruck kommt, dürfte auf innere Kämpfe zurückzuführen sein und lässt die eigentlich angestrebte Gelassenheit vermissen.

Diejenigen, die Sex, Macht und Geld hassen, binden sich ebenso daran wie die Personen, die gierig danach sind, bloß mit umgekehrtem Vorzeichen. Bestimmt kennen Sie auch Menschen, die jegliche Abweichung von den eigenen Wertvorstellungen nicht nur entspannt oder erstaunt zur Kenntnis nehmen, sondern sofort vehement bekämpfen. Das nimmt manchmal paradoxe Züge an, beispielsweise wenn jemand, der Autorität »eigentlich« ablehnt, mit aller Macht das Leben anderer bestimmen möchte, oder wenn jemand, der sich auf die Fahne geschrieben hat, die Welt zu verbessern, Menschen, die dasselbe Ziel haben, als seine Feinde betrachtet.

Es hilft nichts: Geld, Sex und Macht sind der definitive Test für den Mittleren Weg. Nur wer es schafft, sich auch bei diesen Themen zu entspannen und ein gesundes Verhältnis dazu aufzubauen, lebt stressfrei.

Alle Süchte loslassen

Auf dem Mittleren Weg zwischen den Extremen zu wandeln, befreit. Es bedeutet, von nichts und niemandem abhängig zu sein. Man kann Menschen und Dinge lieben und ihnen einen wichtigen Platz in seinem Leben einräumen, aber man braucht sie nicht unbedingt, um glücklich zu sein. Man liebt nie »zu sehr«, weil man weiß, dass Glück im Kopf entsteht und nicht an einzelne Personen, Ereignisse oder Umstände gebunden ist.

Einer Sucht liegt die Fehlannahme zugrunde, etwas Bestimmtes unbedingt haben zu müssen. Sie kann sich auf alles beziehen, was uns umgibt. Bei den einen ist es der Alkohol, bei den anderen sind es Sahnetorten, aber auch Sex, Macht, Geld, Anerkennung oder Aufmerksamkeit kommen als Suchtmittel in Betracht und können damit missbraucht werden.

Dabei sind die Dinge an sich neutral. In Maßen genossen, können sie köstlich sein: das Glas Rotwein in geselliger Runde, ein Stück Schwarzwälder Kirschtorte, die körperlichen Freuden einer Liebesnacht, die Möglichkeit, genau das zu machen, was einem am Herzen liegt, genug Geld, um eine reizvolle Reise zu unternehmen, ein Lob von Menschen, die man schätzt.

Problematisch wird es erst, wenn man es nicht schafft, wieder aufzuhören, und darauf besteht, den schönen Moment unendlich zu verlängern. Es stimmt nicht, dass »alle Lust Ewigkeit will«, wie Friedrich Nietzsche sagte. Man kann genauso gut begreifen und akzeptieren, dass Schönes – ebenso wie Unschönes und alles andere im Leben – vergeht,

aber auch wiederkehrt. Es geht darum, Greifen und Loslassen im richtigen Rhythmus abzuwechseln.

Wie kann das praktisch gelingen? Wenn Sie mögen, denken Sie doch einmal an Dinge, von denen Sie meinen, dass sie Ihr Glück ausmachen, ohne die Sie Ihrer augenblicklichen Meinung nach nicht leben könnten. Es kann sich um Menschen, Gegenstände, Tiere, Aktivitäten oder Ähnliches handeln.

Woran genau hängen Sie? Welche Eigenschaft dieser Sache bedeutet Ihnen so unendlich viel? Welche Gefühle erleben Sie in ihrer Gegenwart, die Sie sonst nicht oder selten erleben?

Nehmen wir einmal an, Sie lieben einen bestimmten Ferienort. Was finden Sie dort, was Sie sonst nicht so leicht entdecken? Geborgenheit, Entspannung oder Leichtigkeit? Was genau ist es?

Gehen Sie dem so lange nach, bis Sie auf das stoßen, was man Seligkeit, Wonne, Freude oder Begeisterung nennen könnte. Glück hat viele Farben, aber letztlich liegt den Dingen, die wir so sehr lieben, dieses eine Gefühl zugrunde. Wir möchten glücklich sein.

Die Herzensdinge vermitteln uns einen seligen Zustand. Sie schaffen jedoch nur den Zugang, das Gefühl selbst liegt in uns und hat nur indirekt mit der äußeren Welt zu tun. Der Buddha konnte diesen Zustand jederzeit finden. Er badete gewissermaßen von morgens bis abends und sogar nachts in ihm. Deshalb hatte er so ein entspanntes Verhältnis zu seiner Umgebung. Er hatte entdeckt, dass er sie nicht brauchte, um glücklich zu sein.

Solange wir es nicht schaffen, wie Buddha ohne den Umweg über die Außenwelt dieses Glücksgefühl in uns zu wecken, suchen wir Dinge, die uns diesen Zustand vorübergehend vermitteln. Genau genommen erinnern sie uns nur an etwas, das in uns ist.

Erleben wir Glück immer in Verbindung mit unserer Katze, unseren Kindern oder unserer Lieblingsdroge, entsteht die Überzeugung: Du bist mein Glück, mein Ein und Alles. Damit sitzen wir in der Falle; denn die Dinge sind vergänglich, während das Glück jederzeit als Möglichkeit in unserem Bewusstsein vorhanden ist, solange wir existieren.

Ohne unsere Lieblingssache sind wir auf Entzug. Aus dieser Falle können wir uns nur befreien, indem wir die wahren Zusammenhänge durchschauen und unser inneres Glück mit immer mehr Dingen in unserer Umgebung verbinden, bis wir im Idealfall alles lieben.

Aber selbst wenn wir es so weit nicht schaffen, nehmen unsere emotionalen Abhängigkeiten ab, wenn wir nicht nur mit einem Menschen, sondern mit mehreren glücklich sind, wenn wir verschiedene Orte finden, die wir mögen, und so weiter.

Was Drogen aller Art angeht, so ist eine Befreiung in der Regel nur möglich, wenn tiefer innerer Frieden und Glückseligkeit auch ohne diese Dinge erlebt werden können. Sonst entwickeln sich beispielsweise trockene unglückliche Alkoholiker, die stets in Gefahr sind, wieder zu trinken. Es ist nicht die äußere, sondern die innere Welt, die süchtig macht.

Wir haben alle schon erlebt, dass sich unsere Vorlieben änderten. Die Begeisterung, die ich zum Beispiel als Kind für die Abenteuer von Comicfiguren oder für meinen Roller empfunden habe, finde ich heute nicht mehr darin. Demgegenüber ist meine Liebe zu Büchern geblieben. Wie sieht es bei Ihnen aus? Gibt es vergangene und/oder bleibende Lieben?

Wegen der Vergänglichkeit der Dinge müssen wir, um froh zu sein, entweder die Welt ständig nach Menschen, Gegenständen, Orten und anderem absuchen, das uns den Zugang zu diesem Gefühl verschafft, oder lernen, grundlos glücklich zu sein.

Glück entsteht im Kopf. Es befindet sich jederzeit abrufbereit in unserem Bewusstsein. Nur wir selbst können unsere individuelle Zufriedenheit herstellen. Keine Substanz und kein anderer Mensch kann sie für uns herbeizaubern. Wer das begriffen hat und praktisch anzuwenden versteht, ist in der Lage, alte Süchte loszulassen, und nie wieder in Gefahr, nach irgendetwas süchtig zu werden.

Flexibilität

Der Mittlere Weg verlangt, beweglich zu sein. Es ist ein Balanceakt, während es Stillstand bedeutet, an den Rändern zu stehen. Ein Aspekt dieses Stillstands können die Gewohnheiten sein, vor allem die schlechten, die man lieber ablegen möchte. Aber dazu muss man beweglich werden und loslassen können.

Wie lässt man los?

Indem man sich anderem zuwendet.

Meinen CoachingklientInnen, die sich eine Gewohnheit abtrainieren möchten, rate ich, sich zu überlegen, was sie stattdessen machen wollen. Etwas *nicht* mehr tun zu wollen, ist aussichtslos. Man braucht eine Alternative. Es ist so, als wollten Sie nicht mehr Deutsch sprechen. Das geht nicht von einem Tag auf den anderen. Sie müssen erst eine andere Sprache lernen. Sonst bleiben Sie allenfalls stumm.

Im Kapitel »Sich das Leben mit Meditation erleichtern« haben wir gesehen, dass es unmöglich ist, nichts denken zu wollen. Es funktioniert viel besser, sich ein Meditationsobjekt zu suchen – zum Beispiel den Atem – und immer wieder darauf zurückzukommen. Selbst wenn Gedanken dazwischentreten, kehrt man ruhig zu seinem Atem zurück.

Ganz ähnlich gelingt das Loslassen: durch die Flexibilität, sich auf entspannte Weise mal dem einen, mal dem anderen zuzuwenden, nirgends festzuhängen, nichts krampfhaft abzuwehren, offen und bewusst da zu sein, mal hierhin, mal dahin zu schwingen, je nachdem, was gerade passt.

Sobald man absolute Forderungen erhebt und von der Umwelt verlangt, dass sie sich dem eigenen Willen beugt, steckt man fest. Jegliche Flexibilität verschwindet. Man bindet sich an das, was man ablehnt, statt die Dinge zu akzeptieren und sich Erfreulicherem zuzuwenden. Akzeptieren bedeutet nicht Mögen. Es heißt auch nicht, dass man resigniert, sondern lediglich, dass man die derzeitige Realität anerkennt.

Man kann seine Flexibilität mit kleinen Tricks trainieren: mal einen anderen Weg nehmen, etwas Exotisches essen, auf eine Weise reagieren, wie man es sonst nicht tun, auf etwas verzichten, was einem selbstverständlich erscheint, sich etwas gönnen, das man sich sonst nicht genehmigt.

Um mehr Flexibilität ins Leben zu bringen, ist es besonders nützlich, *muss, sollte* und *darf nicht* auf einen längeren Urlaub zu schicken. Oft glaubt man, nur weil man etwas schon lange Zeit so und nicht anders macht, *müsse* es so sein. Bei kritischer Betrachtung der eigenen Überzeugungen entdeckt man, dass vieles gar nicht sein *muss*, sondern allenfalls *könnte*. Probieren Sie es aus, wenn Sie sich das nächste Mal *muss* sagen hören!

Gewohnheiten sind grundsätzlich nichts Schlechtes. Sie können das Leben sehr erleichtern. Pausenlos achtsam zu sein, ist weder möglich noch nötig. Der Geist liebt es, zu schweifen. Das bestätigen auch diejenigen, die seit Jahrzehnten meditieren. Es scheint zur menschlichen Natur zu gehören.

Gewohnheiten werden nur dann zum Hindernis, wenn man meint, sie nicht mehr ändern zu können. Das Leben wird auf diese Weise ziemlich starr und sehr eng.

Ohne die Anweisungen Buddhas ginge die Geschichte von den Wanderern und dem Graben anders aus: Wer nicht in der Lage ist, seinen einmal eingeschlagenen Kurs zu korrigieren, stürzt leicht und erreicht sein Ziel nicht.

Eine flexible Einstellung bedeutet im Übrigen auch, zu erkennen, dass es nicht in jedem Fall unbedingt und absolut das Richtige sein muss, sich in der Mitte zu halten. Es gibt extreme Situationen, denen sich nur mit entsprechendem Verhalten angemessen begegnen lässt. Der Mittlere Weg ist also meistens, aber nicht in jedem Fall angezeigt.

Flexibilität ist für den Körper genauso gut wie für Geist und Seele. Da alles zusammen eine Einheit bildet, wirken sich wohltuende Gedanken segensreich auf unseren Körper und heilsame Bewegungen beflügelnd auf den Geist aus. Wenn man bei der Lösung eines Problems mental feststeckt, geht es (im wahrsten Sinne des Wortes) oft erst weiter, wenn man aufsteht, ein wenig auf dem Trampolin schwingt oder sich genüsslich reckt und streckt.

Buddha absolvierte bis ins hohe Alter ein regelmäßiges Lauftraining, weil er Wandermönch war. Gleichzeitig stellte er sich auf diese Weise immer wieder auf neue Umgebungen ein. Das ist nicht die schlechteste Art, ein Einrosten, sei es geistig oder körperlich, zu verhindern. »Vermeide das Eingewöhnen«, war sein Ratschlag.

GesundheitsexpertInnen teilen uns mit, dass bereits eine halbe Stunde zügiges Gehen am Tag sowohl unsere Herz-Kreislauf-Funktion als auch unsere geistigen Fähigkeiten gut in Schwung bringt. Wer mehr tun möchte, kann das gern machen. Aber bitte nicht übertreiben, sondern auf dem Mittleren Weg bleiben. Buddha war kein Marathonläufer.

Ich mache jetzt erst einmal einen Spaziergang. Wir sehen uns wieder im nächsten Abschnitt.

Siegen, ohne zu kämpfen

Der Mittlere Weg bewährt sich auch ausgezeichnet bei der Frage: Soll ich nachgeben oder mich wehren?

Man (und frau!) kann es mit dem Nettsein ebenso übertreiben wie mit dem Kämpfen. Wie bei den beiden Wanderern wäre der einen Person zu raten, ruhig einmal Nein zu sagen und dem aggressiven Verhalten anderer Einhalt zu gebieten. Der anderen Person gälte die Empfehlung, nicht automatisch in den Kampfmodus zu schalten, wenn ihr etwas nicht gefällt, sondern zu üben, die Dinge gelassen zu regeln und auch mal Kompromisse zu schließen.

Keinem bleibt es erspart, Konflikte auszutragen und die eigenen Bedürfnisse durchzusetzen. Wie man das tut, unterscheidet allerdings die entwickelten Geister von denen, die noch nicht gelernt haben, ihr Großhirn sinnvoll zu benutzen.

Buddha wird als streitlos, doch unerschütterbar geschildert. Er hatte es nicht nötig, sich in heftige verbale oder gar tätliche Auseinandersetzungen verwickeln zu lassen. Da er ein Meister der Gedankenbeherrschung war, konnten ihn andere nicht aus der Ruhe bringen. Weil er nicht darauf bestand, dass Menschen seine Lehre schätzten, war es ihm möglich, andere Auffassungen zuzulassen. Er brauchte die Bestätigung von außen nicht. Andererseits hatte er keine Angst, seine Bedürfnisse zur Geltung zu bringen. Sonst wäre es ihm unmöglich gewesen, seine Familie zu verlassen und eine neue Weltanschauung zu verkünden. Freundlich, klar und bestimmt ging er seiner Wege.

Konsequenz hat nichts mit Aggressivität zu tun. Sie gründet auf dem Wissen um die eigenen Herzenswünsche und in dem Selbstvertrauen, diese zu erfüllen. Menschen, die einem Steine in den Weg legen, wehrt man nicht durch Hass ab, sondern durch ruhiges, konzentriertes Handeln.

Sie haben wahrscheinlich auch schon die Erfahrung gemacht, dass andere erstaunlich oft Entscheidungen von Ihnen tolerieren, wenn sie merken, dass Sie äußerst entschlossen sind.

Umgekehrt kann es passieren, dass man – gerade weil man die eigene Unsicherheit spürt – seine Zweifel mit einer betont kämpferischen Haltung zu überdecken versucht: vergeblich. Kinder haben ein untrügliches Gespür dafür, wann bei den Eltern noch etwas geht, diese also bereit sind, sich doch noch vom Jammern und Betteln umstimmen zu lassen. Die meisten Erwachsenen haben ebenfalls eine Antenne für die innere Unsicherheit von anderen und nutzen das aus.

Definiert man seine Ziel klar und ist mit sich selbst im Reinen, gelingt es leichter, andere zu überzeugen oder wenigstens dazu zu bringen, sich mit den getroffenen Entscheidungen abzufinden.

Buddha verlor sich nicht in irgendwelchen Kämpfen. Stattdessen errang er einen viel größeren Sieg: genau das Leben zu führen, das ihm am Herzen lag.

 ## Den Mittleren Weg gehen

Weder Einseitigkeit noch extremes Verhalten führen zu einem glücklichen Leben. Extreme Überzeugungen sind wegen ihrer Übersteigerung und Übertreibung irrational, das heißt, sie stimmen mit der Wirklichkeit nicht überein. So basieren Süchte auf der Fehlannahme, etwas Bestimmtes unbedingt haben zu müssen. Das Glück hängt jedoch nicht von einer einzelnen Sache oder einem einzigen Menschen ab. Das Motto heißt: Wer flexibel bleibt, hat mehr vom Leben.

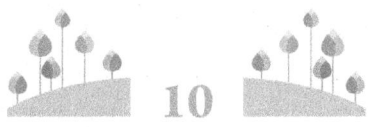

DIE WELT VERBESSERN, INDEM MAN SICH SELBST ÄNDERT

Vorbild Buddha

Kinder lernen durch Vorbilder. Deshalb klappt es schlecht, ihnen Vorschriften zu machen, die man selbst nicht befolgt. Sie folgen dem praktischen Beispiel und nicht den Worten. Man kann viel reden, wenn der Tag lang ist, aber wer nicht lebt, was er sagt, ist wenig überzeugend.

Wasser predigen und Wein trinken; andere auffordern, den Gürtel enger zu schnallen, und selbst einen dicken Bauch vor sich hertragen; Keuschheit predigen, aber jeden Anstand vermissen lassen: Es gibt täglich neue Berichte darüber, wie Großsprecher an ihren eigenen Geboten scheitern.

Buddha war anders. Er hat zuerst seinen eigenen Weg zur Befreiung vom Leiden gesucht. Dies dauerte immerhin sechs Jahre. Als er die Lösung gefunden hatte, merkten das die anderen von allein. Denjenigen, die ihn von früher kannten, fiel auf, wie positiv er sich verändert hatte. Das Lächeln Buddhas ist sprichwörtlich geworden und beeindruckt uns noch heute in vielen Darstellungen. Tatsächlich war es so, dass seine Erscheinung mehr überzeugte als seine Worte. Nach seiner Wandlung ging er zu den Asketen, von denen er sich abgewandt hatte, weil ihn die Entbehrung nicht weitergebracht hatte. Sie dachten, er sei vom rechten Weg abgekommen. Deshalb wollten sie ihn eigentlich nicht anhören. Aber sie konnten sich seiner positiven Aura nicht entziehen. Es war sichtbar, hörbar und spürbar, dass etwas in ihm vorgegangen war. So siegte die Neugier und sie nahmen seine Lehre an.

Buddha unterschied sich im Erscheinungsbild deutlich von anderen Predigern. Seine heilsame Ausstrahlung erregte bei seinen Mitmenschen Aufsehen. Deshalb baten sie ihn oft von allein, sie zu unterrichten und ihnen beizubringen, worin er offenkundig ein Meister geworden war.

Auf diese Weise blieb das, was er herausgefunden hatte, überzeugend bis heute. Das Interesse am Buddhismus und vor allem das Bedürfnis, selbst zu dieser unglaublichen Seelenruhe zu gelangen, die Buddha verkörperte, sind ungebrochen.

Buddha war davon überzeugt, dass Autorität aus Selbsterfahrung, Kompetenz und Glaubwürdigkeit entsteht, nicht aber aus der Verleihung von Titeln oder Machtpositionen. Deshalb lehnte er es ab, einen Nachfolger oder eine Nachfolgerin zu bestimmen. Ihm war bewusst, dass jede und jeder zu Buddha – also zum Erwachten – werden kann, je nach der Fähigkeit zur Geistesbeherrschung. Er ermunterte alle, die ihm begegneten, so zu üben, wie er es tat. Gleichzeitig untersagte er es seinen Anhängern, ihn in irgendeiner Form anzubeten, weil sie davon keinen Nutzen haben würden.

Wie so oft in der Menschheitsgeschichte kommt es dann leider anders. Heute wird Buddha mehr verehrt, als dass seine AnhängerInnen seinem Beispiel folgen. Das schmälert jedoch nicht seine Erkenntnisse. Wer will, kann sie sich auch heute noch zu eigen machen. Wesentlich dabei ist jedoch nicht, die Texte buchstabengetreu rezitieren zu können, wie es in buddhistischen Klöstern oft geschieht, sondern zu überlegen, wie man ihren Sinn hier und heute praktisch leben kann. So gesehen könnte jemand, der stets entspannt und freundlich ist und vor Glück kaum anders kann, als zu lächeln, unabhängig von seiner Religion mehr Buddha sein als manche der buddhistischen Mönche und Nonnen.

Still und streitlos

Buddha war unaufdringlich und nicht darauf bedacht, zu beeindrucken. Er machte ein Angebot, aber drängte es niemandem auf. Er war da, wenn er gebraucht wurde, aber er wurde niemandem lästig. Er war kein Missionar. Lieber ließ er seinen Mitmenschen die Wahlfreiheit, ob sie seinem Weg folgen wollten oder nicht.

Die friedvolle Ausstrahlung Buddhas besänftigte sogar die, die ihm Böses wollten. Es wird berichtet, dass Buddha mehrere Mordanschläge, die auf ihn geplant waren, überlebte. Einmal beruhigte sich ein wild gewordener Elefant, der auf ihn gehetzt worden war, in seiner Gegenwart. Ein andermal schaffte es ein Auftragsmörder letztlich nicht, Buddha auch nur ein Haar zu krümmen.

Still und streitlos zu sein, heißt also nicht, wehrlos zu sein. Die Mittel sind andere. Es bedeutet, seinen Weg zu gehen, ohne sich an jeder Ecke mit Menschen auseinanderzusetzen, die einen eh nie verstehen werden. Wie viele Kämpfe führen wir tagtäglich, die überflüssig sind? Wenn man darauf verzichtet, sich in solchen Scheingefechten aufzureiben, bleibt einem die Energie für wirklich Wichtiges. Probieren Sie es aus, indem Sie Störenfriede ignorieren.

Ein Beispiel aus neuerer Zeit für jemanden, der mit friedlichen Mitteln für seine Ziele geworben hat, war Gandhi. Er hat den politischen Kampf revolutioniert, indem er zum gewaltfreien Widerstand gegen die britischen Unterdrücker und ihre indischen Kollaborateure aufgerufen hat, und er war damit erfolgreich.

Der zivile Ungehorsam wird bis heute stark unterschätzt. Wir brauchen, wenn wir etwas ändern wollen, weniger die heroischen Taten Einzelner, als vielmehr die massenhafte Weigerung vieler. Tyrannen werden erst dadurch mächtig, dass ihre Untertanen bereit sind, kleine, aber stetige Beiträge zu ihrer eigenen Unterdrückung zu leisten. Eine winzige Minderheit wäre niemals in der Lage, Millionen Menschen zu beherrschen. Die oft unbewusste Mitwirkung der Allgemeinheit ist entscheidend, damit die Diktatoren ihre menschenverachtenden Pläne und Taten umsetzen können. Sobald eine große Anzahl von Personen dem System seine Unterstützung versagt, merken auch die vermeintlich so mächtigen Herrscher, dass sie letztendlich nur kleine Würstchen sind, und geben auf. Je mehr sich am zivilen Widerstand beteiligen, desto gewaltfreier wird der demokratische Umsturz. 1989 war dies in Deutschland gut zu beobachten.

Friedlich, aber entschlossen und tatkräftig zu sein, ist eine überragende Methode auch zur politischen Veränderung.

Dass der Buddhismus durchaus eine starke politische und soziale Komponente hat, wird oft übersehen. Es ist noch nicht abzusehen, wie die Entwicklung beispielsweise in Myanmar weitergeht, aber ohne die innere Stärke der Nobelpreisträgerin Aung San Suu Kyi – die äußerlich wie Gandhi eine ganz zarte, zerbrechlich wirkende Person ist –, wäre das Ende der fünfzigjährigen Militärdiktatur nicht denkbar. Von ihr ist bekannt, dass sie praktizierende Buddhistin ist. Aber natürlich war der Beitrag ihrer zahlreichen AnhängerInnen mitentscheidend für die Veränderung.

vermittle *streiten*

Aber zurück zu den »Kämpfen« des Alltags: Wenn Sie sich das nächste Mal dabei erwischen, mit jemandem zu streiten, fragen Sie sich doch einmal: Ist es die Sache wert? Bekomme ich auf diese Weise, was ich möchte? Was habe ich zu dem Konflikt beigetragen? Wie lassen sich meine Ziele »friedlich« erreichen?

Zu einem Streit gehören immer zwei. Beide gießen Öl ins Feuer. Was passiert, wenn einer damit aufhört?

Scheinheiligkeit vermeiden

Leider machen manche sich und anderen etwas vor. Sie tun so, als seien sie glücklich, aber in Wirklichkeit sieht es in ihnen ganz anders aus. Sie geben sich freundlich, zeigen jedoch im Verborgenen ihr wahres Gesicht.

Friedfertigkeit und Güte nur vorzutäuschen, ist der falsche Weg. Es gibt schon viel zu viele falsche Heilige auf der Welt. Auch Buddha hat nicht die ganze Zeit gelächelt. Er war schließlich keine Steinfigur, sondern ein Mensch aus Fleisch und Blut.

Es ist völlig in Ordnung, manchmal ungehalten, irritiert oder traurig zu sein. Die Betonung liegt auf manchmal. Es hat keinen Sinn, sich dazu zu zwingen, freundlich zu wirken, wenn man innerlich kocht. Den Unterschied zwischen einigen Positivdenkern und der Lehre Buddhas besteht darin, sich nichts einzureden, sondern sich seine Überzeugungen bewusst zu machen, sie zu prüfen und gegebenenfalls zu ändern. Daraus lassen sich dann individuell stimmige Affirmationen entwickeln, die einem im Eifer des Alltags helfen, auf Kurs zu bleiben.

Wer so trainiert, hat es nicht nötig, so zu tun als ob.

Es kommt nicht auf das Dauerlächeln an, sondern auf die innere Haltung, die sich im Tun widerspiegelt. Das Ziel ist erst erreicht, wenn das Innere und das Äußere übereinstimmen.

Befreiung vom Leiden ist überall möglich. Man muss sich nicht in den Himalaja zurückziehen, sich auch nicht den Kopf scheren und ein gelbes Gewand überwerfen. Buddha hat sich zwar selbst für ein Leben als Mönch entschieden, verlangte dies aber nicht von anderen.

Es ging ihm nicht um Weltentrücktheit, sondern im Gegenteil um das praktische, tägliche Denken, Fühlen und Handeln inmitten des Trubels. Die Welt ist der Prüfstein. In einem Kloster kann es hingegen leicht passieren, dass man glaubt, über den Dingen zu stehen.

Einfach ist es nicht, weltlich zu leben mit allen Wünschen, Zurückweisungen, Freuden und Enttäuschungen und gleichzeitig zu vermeiden, von Gier oder Hass getrieben zu werden. Aber einfach ist es in der Abgeschiedenheit auch nicht.

Man braucht dem Alltag nicht zu entsagen. Im Gegenteil: Die hohe Kunst besteht gerade darin, das Dasein zu feiern, sich von den absoluten Forderungen abzuwenden, das Leben in seiner Gesamtheit zu akzeptieren und das zu tun, was man als richtig erkannt hat. Alles andere wäre extrem oder perfektionistisch.

Das Glück, das Buddha anstrebte, erlangt man nicht ein für alle Mal. Da sich alles permanent ändert, bleibt es eine ständige Herausforderung, den Kurs zu halten. Auch Heilige können vom Weg abkommen, wenn sie nicht aufpassen.

Bei einem Körpertraining käme niemand auf die Idee, dass man aufhören kann, ohne die Fitness zu verlieren. Selbst Spitzensportler werden fett und sterben am Herzinfarkt, wenn sie sich nicht mehr bewegen.

Eigenartigerweise glauben aber viele, dass man für immer glücklich werden könne, in erster Linie durch sechs Richtige im Lotto oder durch eine Heirat mit der Traumpartnerin oder dem Traumpartner. Abgesehen davon, dass diese Wege sowieso nicht zum Glück führen, ist es genauso unbeständig wie körperliche Fitness. Tut man täglich etwas dafür, hat es den Anschein, als habe man Energie und Frohsinn gepachtet. In Wirklichkeit steht unaufhörliche Übung dahinter.

Entwicklung setzt voraus, dass man sich seiner Stärken und Schwächen voll bewusst ist. Wir alle sind Lernende. Manche sind schon länger dabei, andere stoßen gerade dazu. Das ist völlig normal. Anders als in schlechten Schulen wird man vom Leben nicht nur geprüft, sondern auch unterrichtet. Wer aufmerksam ist, genau hinschaut, -hört und -spürt, bekommt nach und nach mit, wie die Sache läuft.

Kennen Sie den charmanten Film »Und täglich grüßt das Murmeltier«? Die Hauptfigur Phil, ein miesepetriger, zynischer Reporter, ist in einer Art Endlosschleife gefangen. Er erlebt denselben Tag immer und immer wieder, bis er endlich dahinterkommt, was seine Aufgabe bei dem vertrackten Spiel ist und … aber mehr wird nicht verraten. Sehen und entdecken Sie es selbst, im Film und im Leben!

Die Macht des Beispiels

Damit sind wir noch einmal bei der Überzeugungskraft, die echte Vorbilder ausstrahlen. Was hat man davon, Gurus zu idealisieren, von denen man später erfährt, dass sie in Wirklichkeit ganz anders waren? Was nützt die Maske der Erleuchtung, hinter der sich ein unentwickelter Mensch verbirgt?

Glücklicherweise gibt es viele Schilderungen von Menschen, die, als es darauf ankam, über sich hinausgewachsen sind, obwohl ihnen das niemand zugetraut hätte. Täglich verhalten sich Millionen Menschen liebevoll, stecken mit ihrem Glück andere an und bleiben entspannt, obwohl sie Grund hätten, Stress zu empfinden. Diese HeldInnen des Alltags bleiben für die meisten unsichtbar.

Andererseits sind ein paar unvergessen, die mit ihrem ganzen Denken, (Mit-)Fühlen und Handeln besonders herausragten. Buddha, Mutter Teresa und Mahatma Gandhi waren solche Persönlichkeiten. Sie überwanden Gier, Hass und Wahn, ließen sich nicht zu Gewalttaten hinreißen und erreichten trotzdem oder gerade deshalb sehr viel. Oft ändert allerdings nicht eine einzelne Person die Welt, sondern sie tut es zusammen mit den vielen Unbekannten, die um sie herum wirken.

Gandhi hätte ohne seine AnhängerInnen nichts erreichen können. Mutter Teresa war auf unzählige SpenderInnen und HelferInnen angewiesen. Die Lehre Buddhas wäre ohne die Kette derjenigen, die seine Erkenntnisse bis heute weitergetragen haben, in Vergessenheit geraten.

Wir alle haben mehr Macht, als wir glauben. Indem wir uns zuerst über die wichtigsten Ziele im Leben klar werden und sie dann in kleinen Schritten unbeirrt umsetzen, können auch wir ein Beispiel für andere werden. Wir können beweisen, dass Frieden, Glück, Liebe und Gelassenheit möglich sind.

Die Welt verbessern, indem man sich selbst ändert

Die Dinge sind, wie sie sind. Sie mögen uns gefallen oder nicht. Wenn wir sie ablehnen, neigen wir dazu, sie ändern zu wollen. Dadurch verstricken wir uns immer wieder in unnötige Kämpfe.

Selten ziehen wir in Betracht, uns selbst zu ändern. Doch könnten wir zu der Veränderung werden, die wir uns von anderen und der Welt erhoffen.

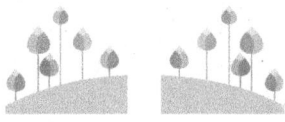

Die zehn Dinge im Überblick

1. Das wahre Glück für möglich halten

Buddha verkündete etwas Unerhörtes: Egal wie unglücklich jemand ist, es gibt einen Ausweg. So hatte er es selbst erfahren. Jeder hat in sich eine Kraft, die zum Glück strebt. Er muss nur auf den manchmal kaum vernehmbaren inneren Wegweiser hören.

2. Der inneren Weisheit folgen

Rituale, Regeln und Anweisungen haben ihren Sinn. Aber wenn es ums Glück geht, versagen sie oft. Was hilft wirklich? Bewusstheit entwickeln, spüren lernen und danach handeln. Die entscheidende Frage ist: Was tut mir gut?

Die Suche nach dem individuellen Weg kann einem niemand abnehmen. Jeder muss ihn selbst finden und gehen.

Buddha empfahl, weniger zu glauben und mehr den eigenen Erfahrungen zu vertrauen.

3. Das Leiden nutzen,
um zum Glück zu finden

Körperlicher und seelischer Schmerz ist nicht dazu da, um uns zu quälen, sondern hat eine Botschaft, die verstanden werden will. Sie lautet: »So geht es nicht weiter. Etwas in deinem Leben stimmt nicht. Finde heraus, was das ist, und ändere es. Dann wird Glück für dich (wieder) möglich.«

4. Die überragende Bedeutung
des Geistes erkennen

Alles beginnt mit einem Gedanken: Welchen Beruf wir wählen, mit wem wir unser Leben teilen, wo wir wohnen, wie wir uns kleiden und ob wir glücklich sind oder leiden.

Viele treffen ihre Wahl unbewusst. Mit entsprechender Übung kann man sich seine Gedanken bewusst machen und sie steuern. Man ist ihnen und ihren Konsequenzen dann nicht mehr hilflos ausgeliefert.

Wir fühlen und handeln so, wie wir denken. Es liegt in unserer Macht, leidvolle Überzeugungen durch wohltuende zu ersetzen. Die Gedankenbeherrschung war für Buddha die höchste Fähigkeit, die ein Mensch entwickeln kann.

Wer diese Kunst versteht, ist so glücklich, wie er sein möchte.

Hauptverantwortlich für das Entstehen des Leidens sind nach Ansicht Buddhas Gier, Hass und Wahn. Wer die Grundtatsachen des Lebens begreift, radikal akzeptiert, dass nicht immer alles nach Wunsch verläuft, und auf die Forderung verzichtet, dass die Welt so zu sein hat, wie er sich das vorstellt, für den werden Gelassenheit, Glück und Liebe möglich.

5. Gelassen bleiben – trotz allem

Die Welt ist nicht perfekt. Es macht keinen Sinn, das zu verlangen. Alles verändert sich. Weder Unglück noch Glück sind beständig.

Wer Gier durch Gelassenheit und Hass durch Toleranz ersetzt, reduziert seinen Stress erheblich. Es ist in Ordnung, sich Dinge zu wünschen. Wer jedoch aus jedem Könnte ein Muss macht, wird nie zufrieden sein.

6. Aller Welt Freund sein

Groll und Hass schaden vor allem denjenigen, die diese Gefühle empfinden. Schon deshalb ist es vernünftig, anderen freundlich gegenüberzutreten. Niemand braucht sich jedoch zu überfordern. Für ein gedeihliches Zusammenleben mit anderen reicht friedliche Koexistenz aus.

Und: Nur wer sich selbst ein Freund ist, kann auch andere lieben.

7. Rundum glücklich werden

Der achtfache Weg, den Buddha gewiesen hat, führt zu einer umfassenden Befreiung vom Leiden. Er reicht vom Erkennen der Realität bis zum gelassenen und liebevollen

Handeln auf allen Ebenen, sei es im Beruf, in der Beziehung zu den Mitmenschen oder zur Umwelt. Dieser Weg steht in vielem konträr zu dem, was den meisten von uns beigebracht wurde, aber »billiger« ist das wahre Glück nicht zu haben.

8. Sich das Leben mit Meditation leichter machen

Meditieren bedeutet erlauben, zulassen. Deshalb fällt sie den meisten (vor allem den westlichen) Menschen so schwer. Viele kennen nur Anspannung oder Zerstreuung, aber nicht den wohltuenden Zustand wacher Entspanntheit, der sich beim Meditieren einstellen kann. Meditation ist nicht der Kern der Buddha-Lehre und befreit nicht dauerhaft von Stress. Sie ist aber eine ausgezeichnete Übung, um seine Geistesgegenwart zu schulen.

9. Den Mittleren Weg gehen

Weder Einseitigkeit noch extremes Verhalten führen zu einem glücklichen Leben. Extreme Überzeugungen sind wegen ihrer Übersteigerung und Übertreibung irrational, das heißt, sie stimmen mit der Wirklichkeit nicht überein. So basieren Süchte auf der Fehlannahme, etwas Bestimmtes unbedingt haben zu müssen. Das Glück hängt jedoch nicht von einer einzelnen Sache oder einem einzigen Menschen ab. Das Motto heißt: Wer flexibel bleibt, hat mehr vom Leben.

10. Die Welt verbessern,
indem man sich selbst ändert

Die Dinge sind, wie sie sind. Sie mögen uns gefallen oder nicht. Wenn wir sie ablehnen, neigen wir dazu, sie ändern zu wollen. Dadurch verstricken wir uns immer wieder in unnötige Kämpfe.

Selten ziehen wir in Betracht, uns selbst zu ändern. Doch könnten wir zu der Veränderung werden, die wir uns von anderen und der Welt erhoffen.

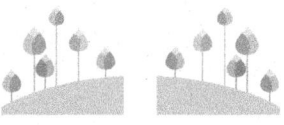

Weiterführende Literatur

Ich beschränke mich hier auf wenige Werke. Es ist heute leicht, sich über Buchhandlungen und Büchereien oder auch buddhistische Zentren die umfangreiche Literatur zum Buddhismus zu erschließen.

Mir war in diesem Buch wichtig, relativ unbuddhistisch über die Lehre Buddhas zu schreiben, damit ihr Inhalt möglichst vielen klar wird. Buddha und der Buddhismus sind nicht dasselbe. Wie jede Religion entwickelte auch diese nach der Gründung ein Eigenleben. Wie andere auch meine ich, dass Buddha seine Lehre niemals als Religion, sondern als praktisch anwendbare Lebenshilfe verstanden hat. Deshalb habe ich alle dogmatischen Fragen, die unter BuddhistInnen umstritten sind und lebhaft diskutiert werden, ausgeklammert. Das wird nicht jedem gefallen. Dafür werden andere, vermutlich auch einige BuddhistInnen, vielleicht zum ersten Mal verstehen, worum es Buddha ging.

Dieser Standpunkt bestimmte auch die Auswahl der folgenden Bücher.

Armstrong, Karen: Buddha. Berlin 2004
Die Autorin, eine versierte Kennerin der Weltreligionen, hat hier eine gut lesbare, sachliche Biografie Buddhas verfasst, also ohne die Mythen und Legenden, die später dazu erfunden wurden. Das ist selten.

Buddhas Reden: Majjhimanikaya. Die Sammlung der mittleren Texte des buddhistischen Pali-Kanons in kritischer, kommentierter Neuübertragung von Kurt Schmidt. Heidelberg 2003

Die Lehrreden Buddhas sind im Laufe der Jahrhunderte reichlich ausgeschmückt worden. Kurt Schmidt hat bei seiner Übersetzung angemerkt, welche Passagen mit hoher Wahrscheinlichkeit von Buddha stammen und welche nicht. Deshalb ist dies eine der wenigen textkritischen Übertragungen.

Da die Reden Buddhas über Jahrhunderte nur mündlich überliefert wurden, enthalten sie im Original zum Zwecke des besseren Memorierens zahlreiche Wiederholungen. Schmidt hat hier dankenswerterweise gekürzt.

Davich, Victor: Die 8-Minuten-Meditation. Programm für Stressreduktion, Konzentrations- und Lernfähigkeit. München 2005

Davich betont, dass Meditieren Zulassen bedeutet. Die Meditationszeit am Anfang auf wenige Minuten zu beschränken, erleichtert den Einstieg.

Gotama Buddha: Mein Weg zum Erwachen. Eine Autobiographie, auf der Grundlage des Pali-Kanons herausgegeben und gestaltet von Detlef Kantowsky und Ekkehard Saß. Zürich und Düsseldorf 1996

Eine brillante Idee, aus den frühesten buddhistischen Texten eine Art Autobiografie zusammenzustellen. In außergewöhnlicher Klarheit haben die beiden Autoren den Lebensweg Buddhas und seine Lehre nachvollzogen.

Hohensee, Thomas: Erleuchtung in sieben Tagen. Das große Versprechen des Buddha. München 2006

Was ist Erleuchtung? Warum scheint der Weg dahin so schwer? Wie erlangt man sie? Warum hielt der Buddha sieben Tage bis zur Erleuchtung für möglich? Um diese und andere Fragen geht es hier.

Hohensee, Thomas: Der Buddha hatte Zeit. Der Weg zu einem Leben ohne Hektik und Stress. München 2005

Wie kommt es, dass so viele heute unter Zeitnot leiden? Was lässt sich dagegen tun? Die Buddha-Lehre wartet mit einigen ungewöhnlichen Antworten auf.

Hohensee, Thomas: Glücklich wie ein Buddha. Sechs Strategien, alle Lebenslagen zu meistern. Stuttgart 2003

Wir fühlen und handeln, wie wir denken: Für den Buddha war diese Aussage selbstverständlich. Was die Kognitive Therapie zu diesem Thema und speziell zum Glück zu sagen hat, ist Gegenstand dieses Buch.

Kornfield, Jack: Erleuchtung finden in einer lauten Welt. Buddhas Botschaft für den Westen. München 2013

Der Autor, ein namhafter amerikanischer Buddhist, gehört zu den wenigen, die klipp und klar sagen, dass Meditation allein oft nicht ausreicht, das Leiden zu überwinden. Auch seine anderen Bücher sind für alle empfehlenswert, die sich ein wirklichkeitsgemäßes Bild vom Buddhismus in der heutigen Zeit machen wollen.

Nyanaponika: Geistestraining durch Achtsamkeit. Konstanz 1970

Wer einmal eine Darstellung der Buddha-Lehre aus Sicht eines buddhistischen Mönchs lesen möchte, könnte einen Blick in diese Abhandlung werfen. Die Sprache hält sich eng an buddhistische Sprachregelungen und ist daher etwas gewöhnungsbedürftig.

Reichle, Verena: Die Grundgedanken des Buddhismus. Frankfurt am Main 1994

Eine der besten Einführungen in die Buddha-Lehre, weil die Autorin sie nicht abstrakt behandelt, sondern konkret auf Fragen bezieht, die vielen auf den Nägeln brennen.

Schumann, Hans Wolfgang: Der historische Buddha. Leben und Lehre des Gotama. Kreuzlingen/München 2004

Eine angenehm sachliche Darstellung, die so weit wie möglich den historischen Kern freilegen will.

Schumann, Hans Wolfgang: Handbuch Buddhismus. Die zentralen Lehren – Ursprung und Gegenwart. Kreuzlingen/München 2008

Wie die christliche Religion ist der Buddhismus heute in sehr viele verschiedene Richtungen aufgespalten, die sich zum Teil erheblich unterscheiden und von der ursprünglichen Lehre Buddhas stark abweichen. Wenn man dies nicht weiß, können die widersprüchlichen Aussagen über die Buddha-Lehre sehr verwirren. Schumann gibt den Lesern und Leserinnen einen Überblick. Danach kann man in die Richtung weitergehen, die einem gefällt.